Introdução
ao estudo
do léxico

Coleção de Linguística
Coordenadores
Gabriel de Ávila Othero – Universidade Federal do Rio Grande do Sul (UFRGS)
Sérgio de Moura Menuzzi – Universidade Federal do Rio Grande do Sul (UFRGS)

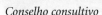

Conselho consultivo
Alina Villalva – Universidade de Lisboa
Carlos Alberto Faraco – Universidade Federal do Paraná (UFPR)
Dante Lucchesi – Universidade Federal da Bahia (Ufba)
Leonel Figueiredo Alencar – Universidade Federal do Ceará (UFC)
Letícia M. Sicuro Correa –Pontifícia Universidade Católica do Rio de Janeiro (PUC-Rio)
Luciani Ester Tenani – Universidade Estadual de São Paulo (Unesp)
Maria Cristina Figueiredo Silva – Universidade Federal do Paraná (UFPR)
Roberta Pires de Oliveira – Universidade Federal de Santa Catarina (UFSC)
Roberto Gomes Camacho – Universidade Estadual de São Paulo (Unesp)
Valdir Flores – Universidade Federal do Rio Grande do Sul (UFRGS)

- *História concisa da língua portuguesa*
  Renato Miguel Basso e Rodrigo Tadeu Gonçalves
- *Manual de linguística – Fonologia, morfologia e sintaxe*
  Luiz Carlos Schwindt (org.)
- *Introdução ao estudo do léxico – Descrição e análise do Português*
  Alina Villalva e João Paulo Silvestre
- *Estruturas sintáticas*
  Noam Chomsky

Dados Internacionais de Catalogação na Publicação (CIP)
(Câmara Brasileira do Livro, SP, Brasil)

Villalva, Alina
  Introdução ao estudo do léxico : descrição e análise do Português / Alina Villalva, João Paulo Silvestre. – Petrópolis, RJ : Vozes, 2014. – (Coleção de Linguística)

  Bibliografia
  ISBN 978-85-326-4858-7

  1. Linguística 2. Português – Gramática 3. Português – Lexicologia I. Silvestre, João Paulo. II. Título. III. Série.

14-08446   CDD-469.014

Índices para catálogo sistemático:
  1. Lexicologia : Português : Linguística   469.014
  2. Português : Lexicologia : : Linguística   469.014

ALINA VILLALVA
JOÃO PAULO SILVESTRE

Introdução ao estudo do léxico

Descrição e análise do Português

EDITORA VOZES

Petrópolis

© 2014, Editora Vozes Ltda.
Rua Frei Luís, 100
25689-900 Petrópolis, RJ
www.vozes.com.br
Brasil

Todos os direitos reservados. Nenhuma parte desta obra poderá ser reproduzida ou transmitida por qualquer forma e/ou quaisquer meios (eletrônico ou mecânico, incluindo fotocópia e gravação) ou arquivada em qualquer sistema ou banco de dados sem permissão escrita da editora.

Diretor editorial
Frei Antônio Moser

Editores
Aline dos Santos Carneiro
José Maria da Silva
Lídio Peretti
Marilac Loraine Oleniki

Secretário executivo
João Batista Kreuch

Editoração: Andréa Dornellas Moreira de Carvalho
Diagramação: Sheilandre Desenv. Gráfico
Capa: WM design
Revisão técnica: Gabriel de Ávila e Carolina Fernandes Alves

ISBN 978-85-326-4858-7

Editado conforme o novo acordo ortográfico.

Este livro foi composto e impresso pela Editora Vozes Ltda.

Apresentação da coleção

Esta publicação é parte da **Coleção de Linguística** da Vozes, retomada pela editora em 2014, num esforço de dar continuidade à coleção coordenada, até a década de 1980, pelas professoras Yonne Leite, Miriam Lemle e Marta Coelho. Naquele período, a coleção teve um papel importante no estabelecimento definitivo da Linguística como área de pesquisa regular no Brasil e como disciplina fundamental da formação universitária em áreas como as Letras, a Filosofia, a Psicologia e a Antropologia. Para isso, a coleção não se limitou à publicação de autores fundamentais para o desenvolvimento da Linguística, como Chomsky, Langacker e Halliday, ou de linguistas brasileiros já então reconhecidos, como Mattoso Câmara; buscou também veicular obras de estudiosos brasileiros que então surgiam como lideranças intelectuais e que, depois, se tornaram referências para disciplina no Brasil – como Anthony Naro, Eunice Pontes e Mário Perini. Dessa forma, a **Coleção de Linguística** da Vozes participou ativamente da história da Linguística brasileira, tendo ajudado a formar as gerações de linguistas que ampliaram a disciplina nos anos 1980 e 1990 – alguns dos quais ainda hoje atuam intensamente na vida acadêmica nacional.

Com a retomada da **Coleção de Linguística** pela Vozes, a editora quer voltar a participar das novas etapas de desenvolvimento da disciplina no

Brasil. Agora, trata-se de oferecer um veículo de disseminação da informação e do debate em um novo ambiente: a Linguística é hoje uma disciplina estabelecida nas universidades brasileiras; é também um dos setores de pós-graduação que mais crescem no Brasil; finalmente, o próprio quadro geral das universidades e da pesquisa brasileira atingiu uma dimensão muito superior à que se testemunhava nos anos de 1970 a 1990. Dentro desse quadro, a **Coleção de Linguística** da Vozes se propõe a novos objetivos. Em primeiro lugar, é preciso oferecer aos cursos de graduação em Letras, Filosofia, Psicologia e áreas afins material renovador, que permita aos alunos integrarem-se ao atual patamar de conhecimento da área de Linguística. Em segundo lugar, é preciso continuar com a tarefa de colocar à disposição do público de língua portuguesa obras decisivas do desenvolvimento, passado e recente, da Linguística.

Em suma, com esta **Coleção de Linguística**, esperamos publicar títulos relevantes, cuja qualidade venha a contribuir não apenas para a formação de novas gerações de linguistas brasileiros, mas também para o progresso geral dos estudos das Humanidades neste início de século XXI.

Gabriel de Ávila Othero
Sérgio de Moura Menuzzi
Organizadores

Sumário

Introdução, 11

I. Léxico, 19

    1 Falar de léxico é falar de quê?, 20

    2 Breve caracterização histórica do léxico do Português, 31

    3 Empréstimos e contato interlinguístico, 36

    4 Português Brasileiro e Português Europeu: variação lexical, 46

        4.1 Casos de diferenciação a partir de uma origem lexical comum, 47

        4.2 PE, PB: escolhas lexicais distintas, 50

        4.3 Contrastes lexicais de natureza morfológica, 59

    5 Segmentação do contínuo sonoro e registro gráfico das palavras, 63

    Resumo do capítulo, 71

    Sugestões de leitura, 72

II. Palavras e unidades lexicais, 75

    1 Conceitos de palavra(s), 77

    2 Partes das palavras, 85

        2.1 Radicais, 89

        2.2 Afixos, 101

        2.3 Sufixos derivacionais, 102

        2.4 Afixos modificadores, 110

        2.5 Sufixos especificadores, 121

            2.5.1 Especificadores morfológicos: vogal temática e conjugações verbais, 123

    2.5.2 Especificadores morfológicos: índice temático e classes nominais, 130

    2.5.3 Especificadores morfológicos: vogal de ligação, 133

    2.5.4 Especificadores morfossintáticos: sufixos de flexão verbal, 136

    2.5.5 Especificadores morfossintáticos: sufixos de flexão nominal, 140

3 Palavras e expressões lexicalizadas, 142

4 Assinatura categorial, 147

Resumo do capítulo, 151

Sugestões de leitura, 153

III. Problemas de categorização, 155

1 Classes de palavras: nomes e verbos, 156

2 Gênero, 164

3 Representação (morfo)fonológica das unidades lexicais, 177

Resumo do capítulo, 184

Sugestões de leitura, 185

IV. Lexicografia e descrição do léxico, 187

1 Fontes dicionarísticas para a história do léxico, 189

    1.1. Dicionários Latim-Português – normalização e estabilização da escrita, 189

    1.2. Dicionários monolíngues – inventariação lexical do patrimônio literário, 190

    1.3. Dicionários Português-línguas modernas – renovação lexical da língua em contato, 191

2 Tipologias lexicográficas, 192

3 Representação das unidades discursivas: lexema, lema e forma-lema, 199

    3.1 Distinção semântica, 200

        3.1.1 Critério diacrônico, 200

        3.1.2 Critério semântico e morfossemântico, 203

        3.1.3 Critério formal, 204

    3.2 Relações sintagmáticas, 205

        3.2.1 Colocações, 209

3.2.2 Expressões idiomáticas, 213

   3.2.3 Outras combinações fixas, 215

   3.3 Relações paradigmáticas: sinonímia, antonímia, hiponímia, 217

  Resumo do capítulo, 222

  Sugestões de leitura, 223

Exercícios de aprofundamento e pesquisa, 225

Referências, 241

Introdução

Ainda que fosse possível conhecer e reunir coerentemente o conhecimento especializado que atualmente é produzido nos vários domínios do estudo do léxico, encontraríamos problemas de análise e de descrição por resolver.

O Léxico, entendido como uma ampla área de investigação das ciências da linguagem, não pode ser transportado para uma matéria curricular com ambição de exaustividade. Parece-nos mais útil – e didático – apontar as áreas críticas que permitem uma divulgação dos conhecimentos que potencialmente podem interessar a um público universitário vasto, ou, porque acreditamos que é um campo com elevado potencial de investigação, apontar linhas de pesquisa que consideramos exequíveis e de resultados promissores.

Este livro representa a nossa abordagem ao estudo do léxico num contexto de ensino universitário, que julgamos adequada ao público a que se destina e também a um programa de investigação que nos parece importante estabelecer para o Português.

Os estudos sobre a natureza do conhecimento lexical no que diz respeito à aquisição, à compreensão ou à produção são sem dúvida interessantes e talvez decisivos para o conhecimento do uso da linguagem como um todo. A construção de uma Teoria Linguística, em que uma Teoria Lexical se deve encaixar harmoniosamente, é outra perspetiva desafiante. Em ambos os casos, parece-nos necessário regressar às premissas que sustentam o conhecimento sobre o léxico, muito frequentemente tomadas como verdades inquestionáveis.

Tomemos o caso das unidades de análise. A segmentação de um enunciado linguístico, operação primordial a qualquer gesto de análise, exige que os instrumentos de partição da unidade maior, qualquer que ela seja, permitam chegar primeiro a unidades intermédias e depois às unidades mais pequenas. Na história da linguística encontram-se, com facilidade, nomes de unidades e nomes de categorias atribuídos a exemplos, mas menos frequentemente definidos de um modo que permita a sua evidente atribuição a novos casos. A tradição gramatical portuguesa, na sua existência mais recente, de menos de 500 anos, acrescenta ainda a particularidade de poucas vezes ter sido pensada para o Português: começou por transpor uma eventual adequação à descrição do Latim e passou depois para a dependência a línguas modernas, primeiro e mais fugazmente o Francês, e agora, mais persistentemente, o Inglês.

A definição de unidades de análise e, sobretudo, das unidades de análise relevantes para o estudo do léxico do Português pode ser considerada como um dos pilares que suportam a construção deste livro. Ao refletirmos sobre o que são unidades lexicais, o que são, portanto, as entidades que constituem o léxico, refletimos também sobre o que são palavras, sequências de palavras e partes de palavras.

As propostas que aqui são feitas têm uma componente de sistematização do que é saber partilhado, mas também uma componente original. No que diz respeito à definição de palavra, por exemplo, importa destacar a assunção de que, no léxico, se trata de uma entidade abstrata e que reúne todas as informações que todos os outros domínios da gramática consideram relevantes. Quanto às partes das palavras, a definição de categorias é um pouco mais complexa do que a habitual divisão entre radicais e afixos (prefixos e sufixos), considerando-se que a classificação destas unidades com base apenas na sua topologia não é suficiente para compreender o seu papel na estrutura das palavras. Propõe-se, assim, que a identificação da função gramatical dessas unidades, no interior das palavras, seja o principal critério que subjaz à sua classificação.

Construir descrições do léxico mais rigorosas exige o conhecimento de um instrumental de descrição, como o que se apresenta na segunda parte deste livro, e por outro o conhecimento das fontes lexicográficas que estão disponíveis para o Português. A tradição da produção lexicográfica do português não é das mais prolíficas, quando comparada com a disponível para outras línguas modernas. Não dispomos, pois, dos instrumentos de trabalho ideais, mas as lacunas reconhecíveis não podem levar-nos a ignorar as fontes e o modo de as utilizar. Os *corpora* lexicais existentes estão em constante alargamento, procurando diversificar fontes e melhorar a qualidade da anotação. Haverá falhas e lacunas, mas são instrumentos de consulta obrigatória, sempre que pretendemos averiguar qual o uso de uma dada palavra e qual o significado com que é usada.

Os dicionários gerais da língua contemporânea são também um instrumento de trabalho importante, mas importa alertar para a necessária leitura crítica dos dados oferecidos. São marcados, por um lado, pela repetição pouco criteriosa de informação repetida de dicionários antigos e, por outro, pela acumulação desproporcionada de terminologias, que destorcem a representatividade e a função destas palavras numa descrição geral do léxico. Propomos, por isso, uma discussão sobre a história e as funções dos vários tipos de dicionários, procurando contribuir para o conhecimento crítico das fontes lexicográficas que estão disponíveis para o Português. Construir descrições do léxico mais rigorosas exige o conhecimento de um instrumental de descrição, como o que se apresenta na segunda parte deste livro, e por outro o conhecimento das fontes lexicográficas que estão disponíveis para o Português.

Melhorar a qualidade das fontes para a investigação em léxico não é tarefa que possa ser cumprida com rapidez, nem por poucas mãos. Pode constituir, só por si, um programa de investigação.

Fruto de leitura crítica da literatura da especialidade e de investigação original, o que se apresenta neste livro é trabalho progredido, mas não obrigatoriamente isento de erros ou omissões, cuja responsabilidade nos cabe por inteiro. Aos leitores de versões de trabalho (Gabriel de Ávila Othero, Carolina Fernandes Alves, Maria Carlota Rosa) agradecemos muito a atenção e sugestões que terão contribuído para melhorar o estado final deste manual.

Siglas e Abreviaturas

⊤	atemático
∅	tema zero
-a	tema em *-a*
-e	tema em *-e*
-o	tema em *-o*
?	aceitabilidade duvidosa
*	não documentado
$	fronteira de sílaba
+	fronteira de morfema
#	fronteira de palavra
[-fem]	masculino
[+fem]	feminino
[-plu]	singular
[+plu]	plural
[N]	nominal
[V]	verbal
[-N, +V]	verbo
[+N, -V]	substantivo
[+N, +V]	adjetivo
[+N]	nome
[+V]	predicador
[ant]	anterior
[nec]	necessário
[pas]	passado
[pos]	possível
[pre]	presente
[I]	primeira pessoa

[II]	segunda pessoa
ADJ	adjetivo
ADV	advérbio
C1	primeira conjugação
C2	segunda conjugação
C3	terceira conjugação
Cast.	Castelhano
Cat.	Catalão
CONJ	conjunção
des.	desusado
F	frase
f	feminino
Fr.	Francês
Gr.	Grego antigo
Ing.	Inglês
IT	índice temático
It.	Italiano
Lat.	Latim
m	masculino
n	neutro
OBL	oblíquo
OD	objeto direto
PB	Português Brasileiro
PE	Português Europeu
PMQP	pretérito mais-que-perfeito
PN	pessoa-número
PREFMOD	prefixo modificador
PREP	preposição
PRONINT	pronome interrogativo
PRONREL	pronome relativo
RADJ	radical adjetival

RADV	radical adverbial
RS	radical substantival
RV	radical verbal
s	subespecificado
S	substantivo
SF	sufixo de flexão
SN	sintagma nominal
SUFMOD	sufixo modificador
SUJ	sujeito
TMA	tempo-modo-aspeto
TV	tema verbal
V	verbo
VT	vogal temática

Corpora consultados

CdoP	DAVIES, M. & FERREIRA, M. *Corpus do Português*: 45 million words, 1300s-1900s. [Disponível em www.corpusdoportugues.org].
CLP	*Corpus Lexicográfico do Português*. Centro de Linguística da Universidade de Lisboa/Universidade de Aveiro [Disponível em www.clp.dlc.ua.pt].
CRPC	*Corpus de Referência do Português Contemporâneo*. Centro de Linguística da Universidade de Lisboa [Disponível em http://www.clul.ul.pt/pt/recursos/183-reference-corpus-of-contemporary-portuguese-crpc].

Fontes lexicográficas

Aurélio	FERREIRA, A.B.H. (2004). *Novo Dicionário Aurélio da Língua Portuguesa*. Rio de Janeiro: Positivo.
Cunha	CUNHA, A.G. (1986) *Dicionário Etimológico Nova Fronteira da Língua Portuguesa*. Rio de Janeiro: Nova Fronteira.
DLPC	ACADEMIA DAS CIÊNCIAS DE LISBOA (2001). *Dicionário da Língua Portuguesa Contemporânea*. Lisboa: Verbo.
Houaiss	HOUAISS, A. & VILLAR, M. (2009) *Dicionário Houaiss da Língua Portuguesa*. Rio de Janeiro: Objetiva.
Infopédia	*Infopédia* – Enciclopédia e dicionários. Porto: Porto Editora [Disponível em www.infopedia.pt/].
Machado	MACHADO, J.P. (1967). *Dicionário Onomástico Etimológico da Língua Portuguesa*. Lisboa: Confluência.

Capítulo I

Léxico

Léxico é palavra familiar a todos, mas de definição menos imediata. Vocabulário, glossário, dicionário são outros termos que remetem para essa mesma esfera conceitual e frequentemente todos eles são usados em variação livre, apesar de, por convenção terminológica, poderem referir dimensões distintas. Essa multiplicidade de designações explica-se por uma longa tradição de polissemia e pelo fato de se tratar de um conceito complexo que remete para uma realidade analisável a partir de diversos pontos de vista.

Fiquemos, então, com a etiqueta léxico, que, no domínio dos estudos linguísticos, foi aquela que ganhou o estatuto de designação de um domínio do conhecimento e disciplinar[1]. Neste capítulo, faremos uma caracterização desta entidade que ocupa uma posição central na gramática, estabelecendo uma distinção entre o léxico dos sistemas linguísticos (as línguas, as variedades de uma língua, os dialetos), o léxico dos falantes e o léxico enquanto componente de um modelo de gramática (cf. I.1).

Em seguida, olharemos para o léxico dos sistemas linguísticos particulares, desviando o foco para o léxico do Português. Esta língua, que modestamente se individualizou há mais de oito séculos no noroeste da Península

---

1. Na sua natureza etimológica, léxico, vocabulário, glossário ou dicionário são termos relativamente próximos, em termos semânticos, paralelamente relacionados com dizer ou falar. Todos serviram para dar nomes a coleções de palavras, mas também houve designações que se perderam (cf. *compendium*, *florilegium* ou *nomenclator*).

Ibérica, é atualmente partilhada e diversificada por um promissor número de falantes e oferece matéria de análise interessante a vários níveis: um deles é a sua constituição histórica (cf. I.2) e os fenômenos de mudança na diacronia (cf. I.3); um outro é a sua diversidade interna comparando as variedades brasileira e portuguesa (cf. I.4).

No final desta parte I, discutiremos a materialidade das palavras, em particular no que respeita a questões de segmentação do contínuo sonoro. Mas também, e porque o acesso aos dados dele faz um uso intensivo, trataremos aqui do registro gráfico das palavras (cf. I.5).

1 FALAR DE LÉXICO É FALAR DE QUÊ?

Pode-se afirmar que o léxico é um repositório das unidades lexicais de uma língua, mas nenhuma das partes desta afirmação é incontroversa. Comecemos pelo último domínio de reflexão. A associação do conceito de léxico ao conceito de língua exige uma clarificação sobre o que se entende ser uma língua, e também uma variedade, um dialeto ou um socioleto, conceitos que são mais do campo de interesse da política linguística do que da análise linguística. Vejamos por quê.

Quando se consulta uma gramática de uma língua particular, como, por exemplo, do Português, o que se encontra é um conjunto de instruções que configuram o que os seus autores consideram ser o "bom uso" dessa língua, e a que habitualmente se dá o nome de norma. É provável que nenhum falante do Português cumpra de modo irrepreensível a totalidade das instruções contidas nas gramáticas, sejam elas mais ou menos "normativas" e sejam eles, os falantes, mais ou menos "normalizados". Essas gramáticas são textos de referência, vinculados a uma autoria e especialmente elaborados para o uso escrito da língua. Servem para garantir unidade linguística numa comunidade de falantes.

Essas gramáticas definem uma língua a partir de uma descrição abstrata e particular – nesse sentido, o Português é o que a gramática do Português disser que ele é. O mesmo pode ser dito sobre um dicionário do Português, se considerarmos um dicionário geral de língua. O acatamento da autoridade das gramáticas e dicionários para uma dada língua não é muito problemático, nos casos em que existe coincidência entre língua e soberania, mas nem sempre esta condição se verifica. Inventariar e normalizar as línguas, desconsiderando fronteiras políticas, não é uma tarefa óbvia. O resultado do recenseamento mais recente, publicado online pelo *The Ethnologue*[2] (2009), refere-se à existência de 6.909 línguas maternas, 163 mais do que na edição anterior (2005). Dessas, 80 surgem por diferenciação no seio de línguas já conhecidas. Há, então, 166 a menos, 75 por fusão com outras línguas e 91 por perda definitiva de falantes. Os dados disponibilizados permitem ainda verificar onde está boa parte das línguas em extinção e quais são os territórios linguisticamente mais estáveis. A pesquisa inversa, ou seja, procurar saber que línguas são faladas em cada país, é um processo ainda mais delicado: nem sempre a realidade linguística agrada ao poder político, pelo que a "despromoção" de línguas a dialetos constitui uma estratégia frequentemente utilizada. O entendimento de dialeto como sistema linguístico desprestigiado, que é o entendimento do senso comum, não tem qualquer fundamento linguístico. Na verdade, o sistema conhecido como norma é também um dialeto, no sentido em que dialeto é um conceito que procura ter como referente um sistema linguístico que não dependa do reconhecimento político.

Nos casos em que uma língua é partilhada por diversas soberanias nacionais, e esse é o caso do Português, a discussão política torna-se ainda mais relevante. Com a distância geográfica e a criação de padrões culturais autônomos, a partilha linguística inicial não é condição suficiente para a sua preservação, tanto mais que, do ponto de vista estritamente linguístico, as razões para defender a unidade são frequentemente tão fortes quanto as que possam apoiar a diferenciação. Não sendo declaradas línguas dis-

---

2. http://www.ethnologue.com

tintas, essas diferentes apropriações de uma língua podem ser chamadas variedades nacionais, podendo, cada uma delas, como claramente sucede no Brasil, apresentar ainda significativa variação interna.

A esse espaço de variação que o conceito de língua intrinsecamente encerra, há que associar a dimensão temporal. A mudança linguística só excepcionalmente é abrupta. Via de regra, ela ocorre paulatinamente, opera de geração em geração, afetando as componentes lexical, fonética ou sintática. Para uma geração de falantes, a língua falada pelos seus antepassados diretos não é percebida como radicalmente diferente, embora se detectem mudanças, muitas vezes de natureza lexical, que asseguram a coerência interna de cada faixa geracional, mas a comparação entre sincronias mais distantes mostra mais diferenças e bem mais evidentes.

Os falantes que integram uma dada comunidade linguística podem variar entre si no uso da língua – ou provêm de variedades ou dialetos distintos ou são falantes conservadores face a outros mais inovadores. Geralmente, esse espaço de "desacerto" linguístico não impede a intercompreensão e também não é caracterizado como erro, o que nos traz de volta ao conceito abstrato de língua, ou da língua que a norma de cada momento prestigia. Os erros estão na margem que vai da variação aceitável à invariância artificial da norma. Como a norma também muda, pode-se admitir que o que foi erro num determinado momento deixe de o ser mais tarde. No léxico, mais do que em qualquer outro domínio da gramática, não é o conceito de erro aquele que melhor serve para avaliar o estatuto das palavras na língua e no seu uso.

A identificação do léxico de uma língua depende do entendimento que se tiver de língua, ou de dialeto (se a questão for deslocada para esse domínio), o que, como vimos, depende mais de critérios ideológicos do que razões linguísticas. Assim, a descrição do léxico de uma língua pode cobrir realidades bastante diferentes, incluindo ou excluindo a oralidade, registros discursivos mais ou menos prestigiados, ou diferentes delimitações temporais.

O léxico de uma língua é, pois, uma entidade abstrata que se obtém por acumulação: às palavras em uso por cada falante, no seio de uma dada comunidade de falantes, juntam-se as palavras em uso por outras comunidades linguísticas falantes da mesma língua; às palavras em uso na contemporaneidade, somam-se as que estiveram em uso em sincronias passadas, de que temos notícia pela documentação escrita e que, por vezes, ressurgem; aos dados da escrita, unem-se os da oralidade, quando é possível apreendê-la, dada a muito maior fluidez da oralidade face à escrita.

Procurar conhecer o léxico de uma língua a partir do conhecimento do léxico dos falantes implica compreender o que se passa nessa dimensão. O léxico de cada falante, que é também chamado de **léxico mental**, depende da sua apropriação dos estímulos lexicais a que é exposto, e, portanto, variará muito em função da sua experiência linguística individual, do que ouve, do que lê, do que fala e do que escreve. Um indivíduo não é falante de uma dada língua porque nasceu e cresceu no país onde essa é a língua oficial, mas porque esses foram os dados linguísticos a que foi exposto, enquanto membro de uma dada comunidade, crucialmente nos seus primeiros anos. A aprendizagem de palavras é uma possibilidade que acompanha os falantes ao longo de toda a sua vida, mas há também perdas e esquecimentos motivados pelo desuso. O conhecimento lexical que o falante possui num dado momento pode, pois, não ser idêntico ao de um momento anterior ou posterior: trata-se de um saber cumulativo e, também, degradável.

O acesso ao que possa constituir o conhecimento do léxico de cada falante não é, no entanto, facilmente obtido, dado que não pode ser estudado como um corpo físico observável: esse acesso é diferido e baseia-se na observação da produção ou reconhecimento de enunciados linguísticos, por um lado, e em amostragens que servem procedimentos experimentais, por outro. A observação da aquisição e o estudo dos efeitos de patologias de linguagem são outras abordagens indiretas para o conhecimento de propriedades do léxico.

Segundo Aitchison (1987; 1990: 7), o volume de dados que o léxico mental integra é consideravelmente grande: o léxico de um adulto tem entre 50.000 e 250.000 palavras, havendo uma distinção básica entre o **léxico passivo**, mais extenso, e que é usado nas operações de reconhecimento de enunciados linguísticos, e o **léxico ativo**, mais reduzido, e que está disponível para a produção. Apesar desse enorme volume de dados, tanto o reconhecimento como a produção de cada palavra ocorrem muito rapidamente, em frações de segundo. Mas a dimensão individual do conhecimento lexical não diz apenas respeito à quantidade de palavras que cada falante conhece e usa – também há diferenças na qualidade do conhecimento das unidades lexicais.

Para exemplificar essa última questão pode-se mencionar a ortografia ou a informação etimológica. Ainda que a escolarização intervenha atualmente na formação da quase totalidade das populações, e que, portanto, a aprendizagem da escrita esteja mais ou menos generalizada, sabe-se que continua a haver franjas de analfabetismo e, mais relevantemente, largos contingentes de analfabetos funcionais. Nem o desconhecimento da escrita, nem os desvios à norma ortográfica determinam o grau de conhecimento das restantes propriedades das palavras, nomeadamente a sua realização fonética ou o seu significado.

O mesmo se verifica com o conhecimento etimológico. Nesse caso, é necessário salvaguardar, desde logo, que boa parte da etimologia do léxico das línguas está ainda por estudar. Mesmo nos casos em que as hipóteses conhecidas são plausíveis e estão documentadas, não sendo conjeturais e, portanto, polêmicas, a maior parte dos falantes desconhece-as. Pode replicar-se este argumento em relação ao conhecimento do(s) significado(s)[3] ou das propriedades de seleção das unidades lexicais[4], ou de qualquer ou-

---

3. Note-se que é possível conhecer a forma fonética de uma palavra, mas não saber o que significa, ou saber o que significa, mas pronunciá-la inadequadamente.
4. Pode referir-se o desconhecimento do valor de gênero dos substantivos (*personagem* é masculino ou feminino?) ou de regência verbal, como no caso de verbos como *afirmar*, usado por alguns falantes do PE, com uma subordinada completiva introduzida por uma

tra das suas propriedades, o que nos leva a admitir que o conhecimento dos vários tipos de propriedades das unidades lexicais é obtido de forma independente.

Também se pode admitir a hipótese de que o conhecimento de uma dada propriedade das unidades lexicais potencia o conhecimento de outra ou outras das suas propriedades, ou seja, que, ainda que independentes, as propriedades das unidades lexicais são inter-relacionáveis.

Retomemos o exemplo da ortografia, que permite observar esta interação pela sua relação com a realização fonética da unidade lexical. Como é sabido, a ortografia do Português tem uma forte componente fonética, baseada no estabelecimento sistemático de uma correspondência entre um som e uma grafia. Quem souber como se pronuncia uma palavra poderá, pois, tentar escrevê-la, mesmo sem nunca ter "aprendido" a fazê-lo. Este princípio dá bons resultados em muitos casos e levanta problemas em vários outros: no Português, um som como [v] é sempre grafado com <v> (e.g. <v>olta, rele<v>o), mas um som como [ç] dispõe de várias alternativas (e.g. <ch>apéu, li<x>o, fe<s>ta[5]). Ouvir uma palavra pode, pois, permitir a realização do seu registro gráfico, mas a ortografia das palavras é também um conhecimento independente e bastante fértil em imprevisibilidades e é essa imprevisibilidade que permite que uma única grafia, como por exemplo a de <*queijo*>, possa servir de lugar de encontro a tantas pronúncias diversas:

(1) ['kejʒu]
     ['keʒu]
     ['kɐʒu]
     ['kɐjʒu]

---

preposição (e.g. Não foi o seu camarada de partido [...] que **afirmou de que** só os burros é que não mudavam de opinião?); ou de verbos como ir, que alguns falantes do PB usam com regência da preposição *em* e não *a* (e.g. vou **no** banheiro vs. vou **ao** banheiro).
5. Em alguns dialetos do Português.

Serve esse exemplo para mostrar a relação existente entre a informação fonética, a informação fonológica e a ortografia. Relações deste mesmo tipo se podem estabelecer entre outras categorias de informação lexical.

Voltemos, por último, à questão da etimologia. A história etimológica das palavras também só pode ser aprendida por vontade expressa e apenas nos casos em que estiver disponível. Tratando-se, para os falantes, de um conhecimento facultativo, para que serve então a informação etimológica sobre as palavras? A forma contemporânea das palavras e as relações que os falantes estabelecem entre conjuntos de palavras são mais fáceis de compreender se se puder tomar algum recuo. Vejamos um exemplo: o radical do verbo *meter* é remotamente o mesmo do que ocorre nos verbos *cometer, prometer, remeter, submeter* e também nos verbos *admitir, demitir, emitir, transmitir*. A relação que existe entre todas essas palavras e os nomes deverbais com elas relacionados (cf. *missão, comissão, promessa, remessa, remissão, submissão, demissão, emissão, transmissão*) e mesmo outros tipos de palavras complexas (cf. *missiva, comissário, promitente, remissivo, submisso, demissionário, emissário, transmissor*) não é uma relação morfológica – não existe, no Português, nenhum sufixo de substantivalização deverbal que tenha a forma -ão e que selecione um radical verbal alomórfico (i.e. *met(er)* -> *miss-ão*). A única relação que existe no Português entre todas aquelas palavras é uma relação lexical, historicamente motivada. Se esta relação é estabelecida pelos falantes, mesmo sem informação etimológica explícita, então é porque essa memória etimológica está ainda disponível e ativa.

A descrição da consciência lexical dos falantes exige, ainda, uma caracterização rigorosa das unidades lexicais, vistas como feixes de informações diversas. Considera-se, habitualmente, que se trata de palavras e as palavras são, sem dúvida, unidades lexicais. Dados da produção mostram, porém, que os falantes têm também um grande conhecimento sobre as partes que constituem as palavras e sobre sequências de palavras cuja interpretação não é composicional. O conhecimento sobre partes das palavras é visível na ocorrência de erros como os que se registram em (2a) e na implausibilidade de erros como os que se enunciam em (2b):

(2)   a.   * *diminuitivo*   cf. *diminutivo*
            * *fizestes*   cf. *fizeste*
            * *alimpar*   cf. *limpar*
     b.   * *confereção*   cf. *conferir, conferição*
            * *conferíncia*   cf. *conferir, conferência*

Nos casos em (2a), pode admitir-se que a ocorrência de *diminuitivo corresponde à intervenção do processo de formação de palavras que está disponível no Português (i.e. TV + *tivo*) para substituir uma forma que está lexicalizada (i.e. *diminutivo*); a ocorrência de formas como *fizestes para a flexão de segunda pessoa singular do pretérito perfeito do indicativo, que é muito frequente no Português Europeu, pode ser vista como um caso de regularização paradigmática, dado que todas as segundas pessoas do singular terminam em -*s*[6]. O caso de *alimpar* é distinto – relaciona-se com a popularidade da parassíntese, mas também com a sua inconstância, quer no Português, quer, transversalmente, nas diversas línguas românicas. A não ocorrência de casos como os de (2b), que corresponderiam a uma diferente escolha na base dos sufixos em questão, visível apenas na realização fonética da vogal temática do verbo, mostram que os falantes conhecem proficientemente pormenores quase microscópicos da morfologia da sua língua.

Ao léxico mental compete, pois, a tarefa de armazenamento das unidades linguísticas que requerem aprendizagem atomizada, das suas propriedades idiossincráticas e dos princípios de relacionamento que se estabelecem quer entre as unidades lexicais quer entre os seus traços definidores.

---

6. O fato de a segunda pessoa do plural do pretérito perfeito do indicativo (e.g. *fizestes*) estar em óbvio desuso também contribuirá para a sua reciclagem como forma flexionada do singular.

A eficiência demonstrada pelo processamento lexical, ou seja, pela forma como os falantes compreendem e fazem uso da informação lexical, deixa antever que o léxico é um sistema complexo e que tem um modo de funcionamento bastante sofisticado. Estudar o léxico no âmbito de uma Teoria Linguística e da construção de uma hipótese sobre o modelo de gramática significa procurar entender a complexidade e a sofisticação desse sistema, ou seja, implica a construção de uma **Teoria do Léxico**.

Esta opção de modelização do conhecimento lexical corresponde a um grau de abstração ainda maior do que nos casos anteriores. Conhecer o léxico enquanto parte integrante de um modelo de gramática implica um distanciamento do léxico de um determinado falante ou de uma determinada língua, e implica também poder usar todos esses dados de forma exemplificativa. No final, a descrição obtida deve poder refletir propriedades de cada manifestação linguística particular, mas nenhuma manifestação particular pode determinar, por si só, as propriedades gerais dessa representação do léxico.

Enquanto parte da gramática, o léxico pode ser visto como o lugar onde reside toda a informação que não é derivável, todas as propriedades idiossincráticas das línguas. É nesse papel que o léxico se distingue da sintaxe, da semântica e da fonologia, módulos que se encarregam da mecânica e da interpretação dos enunciados frásicos, formados a partir da matéria-prima lexical, mas também se distingue da morfologia, a quem cabe a estruturação das palavras, igualmente formadas a partir de matéria-prima lexical. Mais do que um mero repositório de unidades lexicais, o léxico lembra um entreposto de bens essenciais, nesse caso, as palavras, a quem também compete garantir a boa comunicação entre as restantes partes da gramática (a morfologia, a sintaxe, a semântica, a fonologia). Ou ainda, também alegoricamente, uma espécie de cérebro no corpo das línguas que concentra e armazena a informação que os restantes sistemas, solidariamente, transformam em vida.

No que diz respeito às competências do léxico, pode assim admitir-se que elas ultrapassam a estrita função de arquivador. Essa hipótese é fortemente suscitada pela observação de processos não morfológicos de formação de palavras, como se verifica, por exemplo, na conversão[7], nos processos de amálgama[8] ou na introdução de empréstimos[9], mas também, ou principalmente, pelo que diz respeito à intervenção de processos de polissemia[10]. Por outro lado, deve também entender-se como competência do léxico a **lexicalização** de estruturas complexas. Vista como um processo de perda da composicionalidade, a lexicalização é provocada por mudanças sofridas na forma dos constituintes ou nas suas propriedades semânticas. Por outras palavras, a lexicalização é um processo de redução de estruturas complexas a estruturas simples.

A não composicionalidade pode afetar aspetos estritamente formais das palavras, como se verifica em casos já referidos como *diminutivo* ou noutros como *bênção*[11], ou aspetos semânticos. Um exemplo óbvio é o que diz respeito à interpretação de sequências de palavras que, apesar de possuírem uma estrutura sintática e gramatical reconhecível, têm uma interpretação que não depende apenas do conhecimento da sintaxe e da semântica frásica – depende também da sua aprendizagem como um todo semântico e portanto da sua consideração como unidades lexicais autónomas. A compreensão das expressões registadas em (3) não é bem-sucedida se elas fo-

---

7. Conversão é o nome dado a todos os casos de formação de palavras por reetiquetagem categorial, sem intervenção de qualquer afixo.

8. As amálgamas são palavras formadas por redução de uma expressão sintática correspondente, geralmente, a uma designação, um nome, um título, e geralmente na sua versão escrita. A formação das amálgamas obedece, melhor ou pior, a princípios fonotáticos, mas não a processos sistemáticos de formação de palavras.

9. Os empréstimos são palavras que o léxico de uma língua adota a partir de palavras existentes no léxico de outra língua. Sobre empréstimos, veja-se I.3.2.

10. A polissemia diz respeito à introdução de novos significados para uma palavra já existente. Sobre esse assunto, veja-se IV.3.1.

11. As formas composicionais seriam *diminuitivo* e *benzição*. Note-se que a distância entre essas formas e as formas atestadas não perturba a interpretação das palavras.

rem interpretadas palavra a palavra – apesar de todas conterem a palavra água, nenhuma delas faz apelo ao conceito que lhe está associado[12]:

(3) *ferver em pouca água*   = irritar-se facilmente
     ir por água abaixo   = não dar certo
     levar a água ao moinho   = conseguir alcançar os objetivos

Um último domínio de reflexão no que diz respeito à Teoria do Léxico é o que se relaciona com a sua estrutura interna, ou seja, com a forma como as unidades lexicais estão organizadas. Facilmente se compreende que a ordem alfabética, que nos é tão familiar, por exemplo, na consulta de dicionários[13], não é certamente o critério mais relevante quando se equaciona a organização interna do léxico, dado que a aprendizagem da escrita é muito posterior ao momento em que o léxico está disponível na gramática dos falantes. Deve, então, admitir-se que as operações de aproximação entre unidades lexicais respondem a critérios diversos: a informação fonética permite aproximar palavras que começam ou que terminam pelo mesmo som; a informação morfológica permite relacionar palavras que partilham um mesmo radical (critério que está na base do conceito de família de palavras), ou que partilham um mesmo afixo, o que permite gerar condições para a formação de palavras por analogia[14]; e a informação semântica, tendo em conta a proximidade conceptual, por semelhança, por inclusão ou por contraste.

Nesta seção, procuramos esclarecer questões básicas acerca do conceito de léxico e também abrir caminho às reflexões que se seguem ao longo de todo este livro.

---

12. Sobre este assunto, vejam-se os pontos 3.1 e 3.2 da parte IV deste livro.
13. O que se espera de um dicionário impresso é que esteja organizado por ordem alfabética, ou que tenha um índice alfabético, se tiver uma estrutura de base semasiológica.
14. O conceito de analogia é aqui utilizado nos termos propostos por Basílio (1997).

2 BREVE CARACTERIZAÇÃO HISTÓRICA DO LÉXICO DO PORTUGUÊS

A língua portuguesa é uma língua românica, que se individualiza pela combinação da memória do Latim com um conjunto particular de línguas peninsulares e extrapeninsulares, evoluindo num espaço geográfico que gozou de uma longa estabilidade de fronteiras. Numa perspectiva histórica, a configuração do léxico e as marcas da diferenciação no contexto românico devem considerar o espectro de contatos interlinguísticos e o momento em que ocorreram.

Antes da romanização, o território correspondente a Portugal foi habitado por povos celtas e celtiberos, que se expressavam em dialetos indo-europeus. Do substrato celta e celtibero restarão palavras como *beijo*, *bico*, *caminho*, *carro*, *cerveja*, *duna*, *lança*, *légua*, *seara*. Os Iberos ocuparam a faixa oriental da península e deixaram palavras que também sobrevivem à romanização, e que ajudam a marcar a diferenciação entre as línguas peninsulares e outros romances: *barro*, *bezerro*, *bizarro*, *esquerdo*, *garra*, *lousa*[15].

A colonização romana da península iniciou-se em 218 a.C., a partir da costa da Catalunha. A zona norte e noroeste ofereceu mais resistência e só foi dominada no tempo de Octaviano Augusto (27 a.C.) e constituída como província autônoma (*Gallaecia et Asturica*) em 216 d.C. pelo Imperador Caracala.

A variedade do Latim que chegou ao noroeste da península data do período imperial (final do século I d.C.). O processo de romanização das últimas populações resistentes deve ter sido rápido: a aculturação incluiu novas práticas agrícolas, a reconversão religiosa e a reordenação da vivência

---

15. A informação etimológica que se encontra nos dicionários gerais a propósito destas palavras não é consensual, ora apontando para uma origem num latim vulgar, ora apresentando um étimo de uma língua de substrato. A divergência resulta da utilização de fontes que não refletem a investigação mais recente, ou de diferentes hipóteses sobre a origem da palavra. A consulta de dicionários etimológicos atualizados de outras línguas românicas (castelhano, italiano e francês) é geralmente proveitosa.

comunitária e urbana e, consequentemente, um léxico que representava as técnicas desconhecidas e uma nova onomástica.

O contato tardio e o isolamento propiciaram, por um lado, a resistência dos substratos, por outro, a imersão num Latim que se manteve conservador, pouco influenciado pela passagem de colonos e comerciantes de várias partes do império, mas ainda assim capaz para a intercompreensão com as línguas das províncias contíguas. Com a conversão do império ao cristianismo, no século IV, fundaram-se as sedes episcopais que foram as principais cidades do território e difunde-se uma religião que dá importância à transmissão da palavra e ao texto escrito. O Latim escrito era um código funcional com opções lexicais conservadoras e assegurou um *continuum* cultural e interlinguístico que atenuou as variações diatópicas[16]. A escrita e a leitura eram uma competência adquirida por poucos, mas foram suficientemente cultivadas para que, em torno do Latim, se preservasse um fundo lexical românico partilhável.

A preponderância do fundo latino foi pouco abalada pelas invasões germânicas. O território da Gallaecia foi administrado pelos suevos entre 409 e 585 e posteriormente anexado pelos visigodos, que ocupavam o espaço a este. Deixaram vestígios no léxico, sobretudo na onomástica (*Álvaro, Conrado, Teodorico*) e na toponímia (*Ermesinde, Esposende, Gondomar*), mas não são decisivos para a diferenciação da língua do noroeste.

A invasão árabe deste território, no início do século VIII, também não modificou significativamente os dialetos românicos. Nas populações da

---

16. As periodizações mais comuns do Latim escrito são marcadas por apreciações estético-literárias. Uma proposta de difusão muito divulgada é a de V. Väänänen: período arcaico e pré-clássico até o final do século I a.C.; período clássico, até a morte de Augusto em 14 d.C.; período pós-clássico até final do século II; Latim tardio, da desestruturação do império até a Alta Idade Média. Em comparação com os autores do período clássico, apontam-se as mudanças semânticas, os neologismos por derivação morfológica e por empréstimos ao grego ou a variação de gênero, que mais não são que o resultado de um processo de ampliação do léxico e de simplificação morfossintáctica, com que o Latim se adapta ao estatuto de língua de império e de transmissão de conhecimento e cultura. E, por assentar num sistema de escrita alfabético, adequado à representação da oralidade, foi naturalmente permeável a adaptações regionais e idiossincráticas.

Lusitânia, a sul, em que o contato com o árabe foi mais prolongado, enraíza-se um amplo fundo lexical que formará o romance moçárabe e mais tarde se repercutirá na língua comum.

Em síntese, a língua do noroeste da península é uma transformação do Latim recebido, que já era diferente do das províncias a sul (*Lusitania*) e a este (*Terraconensis*). Os substratos originaram fenômenos de transformação que individualizam as formas no espectro peninsular, como a síncope de <l> e <n> intervocálico (*dolorem > door*; cf. Cast. *dolor*) ou a presença de uma africada palatal [ts] (*pluviam > chuva*; cf. Cast. *lluvia*).

O movimento de reconquista e repovoamento iniciou-se no reinado de Afonso III das Astúrias (866-910), nas zonas entre Braga, Porto (Portucale), Coimbra e Viseu, resistindo às incursões árabes a sul. Afonso VI de Leão e Castela concedeu autonomia ao território (Provincia portucalensis) e atribuiu-a ao Conde Henrique de Borgonha. Afonso Henriques, seu filho, obteve a independência em 1143. No século XIII, a Galiza passou a fazer parte do reino de Castela e iniciou-se uma diferenciação no sentido da castelhanização do léxico.

Com o alargamento a sul (Santarém e Lisboa em 1147, Algarve em 1249), as populações moçárabes receberam o dialeto do norte, contribuindo com os arabismos lexicais adquiridos e com as transformações introduzidas no fundo românico. A marca árabe está presente em diversos domínios lexicais (administração, guerra, organização social, agricultura, fauna e flora), mas devem distinguir-se os arabismos introduzidos nos séculos XI-XIII (*álcool, aldeia, azeite, açúcar, alfândega, almude, alqueire, arroba, albarda*) e os que provêm do contato com línguas intermediárias (*algarismo, álgebra, garrafa, quilate*, sécs. XVI-XVII) (VARGENS, 2007: 221-225; CASTRO, 2013: 77-79; BENARROCH, 2000).

O momento de autonomização e diferenciação de cada vernáculo não é localizável, mas pode ser indiretamente apreendido em documentos escritos. Com o renascimento carolíngio (séc. VIII), divulgou-se na Europa um Latim escrito configurado para a escolarização, em que se apoiou a codificação das diversas línguas romances e se registram indícios de interferências do léxico ou sintaxe das línguas autóctones, como se observa na *Notícia de fiadores* de 1175.

Os testemunhos documentados de uso da escrita em território português recuam a 882 (escritura de fundação da Igreja de Lordosa) e há um exemplo de escrita de Português datável de 1214 (*Testamento de Afonso II*) e um outro provavelmente seu contemporâneo (*Notícia de torto*).

No século XII, as sedes episcopais e os mosteiros das ordens religiosas que promovem a recristianização (Ordem de Cister em Tarouca e Alcobaça, Cónegos Regulares de Santo Agostinho em Santa Cruz de Coimbra) são centros de ensino e prática da escrita latina, com ensaios de confronto com o Português. Há notícia de um dicionário Latim-Português, composto em Alcobaça no século XIII, mas certamente houve experiências anteriores, de que não nos chegaram testemunhos.

Com Afonso III, a escrita portuguesa autonomiza-se da correspondência fonológica latina, com soluções grafemáticas de inspiração provençal (dígrafos <lh> e <nh>). A partir do reinado de D. Dinis, o Português adquire o estatuto de língua principal na escrita da chancelaria (1279).

O uso de uma língua diferente do Latim não significa a consciência de uma língua portuguesa, designada como "linguagem". Esta consciência constrói-se com a comparação das diferentes línguas vivas. No prólogo castelhano da *Crónica do Mouro Rasis*, mandada fazer por D. Dinis, fala-se em "lenguage portogales"[17]. Fernão Lopes, na *Chronica de El-Rei D. João I*, no início do século XV, distingue "lyngoajem portuguessa", o "castellaão" (147) e "limgoa framçes" (114)[18]. A expressão seria ainda indefinida (atributo de língua ou do povo) no início do século XVI, como se observa no título de uma tradução, *Espelho de perfeyçam: em lingoa portugues*, publicada em Coimbra em 1533.

---

17. CATALÃO, D. & ANDRÉS, M. *Crónica del moro Rasis*. Madri: Gredos, 1975, p. 10.
18. LOPES, F. *Chronica de El-Rei D. João I*. Lisboa: Escriptorio [1897-1898]; II, p. 459, 147, 114.

Ensaiando uma periodização, o Português antigo pode ser delimitado entre os séculos XII e XIV, numa fase em que são preponderantes as características diferenciadoras desenvolvidas no nordeste peninsular. O Português médio (séc. XV) corresponde a um período de transição e mudança linguística, visível na norma culta escrita da área geográfica de influência da corte (instalada em Lisboa), que faz prevalecer traços linguísticos da zona meridional, e que associa os traços linguísticos do norte a um falar antigo e inurbano, que por contraste se pode classificar como conservador (CARDEIRA, 2005: 9-32). No Português médio, entre outros fenômenos, reduzem-se os hiatos e os ditongos (*amades* > *amaes* > *amais*; *credo* > *creo* > *creio*); reajustam-se os ditongos nasais (*sunt* > *sõ* > *são*; *tam* > *tão*) e regularizam-se analogicamente as raízes verbais (*arço* > *ardo*; *senço* > *sinto*).

A transição para o Português clássico (XVI-XVIII) é contemporânea dos primeiros ensaios de descrição metalinguística e do aumento da circulação de textos impressos que, pelos exemplos de escrita que oferecem, balizam os limites da norma culta. A tipografia facilita a produção de instrumentos para a escolarização do Latim, com um ensino apoiado por gramáticas, listas de palavras e dicionários que oferecem soluções para um desbloqueio da língua escrita, através da configuração latinizante do léxico vernáculo. A consciência de uma "língua portuguesa", da possibilidade de ampliar o léxico e do confronto com as línguas vizinhas – em especial o Castelhano imperial[19] – é enquadrada na reflexão transeuropeia sobre a qualidade e a perfeição das línguas (defesa e ilustração da língua), segundo a qual os vernáculos se podem aperfeiçoar pela similitude com o Latim. Se no início essa relação é apenas formal – a face escrita da língua –, começa a refletir-se na representação metalinguística do léxico e na potenciação de um aumento do número de palavras e da capacidade referencial e expressiva da língua.

---

19. É esta a língua que, por razões políticas, virá a chamar-se Espanhol. Ainda que esse seja, na nossa contemporaneidade, o seu nome oficial, é frequente que as descrições linguísticas prefiram manter o nome Castelhano, a par de Catalão, p. ex. É essa também a nossa escolha neste livro.

A comparação com o Latim nunca mais estará ausente da reflexão gramatical e lexical e continua a informar o discurso normativo até a atualidade.

Considerando a capacidade de compreensão da memória lexical que é testemunhada na escrita, o início do que podemos classificar como Português contemporâneo pode recuar até o segundo quartel do século XIX. O significado das palavras fundamentais do Português encontra-se desde então relativamente estabilizado e as inovações têm consistido em alargamentos semânticos, que ainda se relacionam perceptivelmente com as aceções mais comuns e antigas. Esse alargamento e a acumulação de palavras de uso terminológico, por mais espaço que ocupem nos dicionários, não devem ser confundidos com um conjunto estável de palavras frequentes e essenciais para a intercomunicação.

3 EMPRÉSTIMOS E CONTATO INTERLINGUÍSTICO

O empréstimo é um processo de inovação lexical, que pode representar um significado também novo, ou simplesmente constituir uma variante lexical, adequada a determinados registros. Os empréstimos lexicais são palavras trazidas para o léxico de uma língua de chegada a partir do léxico de uma língua de partida, tratando-se de um efeito frequente das situações de contato linguístico. O processo pode ocorrer por contato direto ou por intermédio de uma língua veicular e pode tomar como base a realização fonética da palavra ou a sua imagem gráfica. Mas a diacronia dilui a memória da novidade; só o conhecimento metalinguístico nos indica, por exemplo, que *laranja* é uma palavra do Sânscrito, que chegou ao Português pelo Árabe. A conformação dos empréstimos à língua de chegada está relacionada com o seu tempo de permanência nesse léxico: os empréstimos mais antigos não são identificados como empréstimos por parte dos falantes.

Empréstimo é também um termo que exprime uma avaliação sobre a integração de uma palavra na língua. Os empréstimos mais recentes, aqueles que mantêm características fonéticas ou gráficas estranhas à língua de chegada, são aqueles que os falantes reconhecem como palavras estrangeiras (i.e. como estrangeirismos) e são também aqueles que tendem a suscitar manifestações de desagrado ou repúdio, que geralmente acabam por se diluir com a passagem do tempo. Numa apreciação predominantemente sincrônica, o empréstimo é uma palavra que ainda não foi completamente integrada no vocabulário nativo, mantendo-se a percepção de que é uma palavra de língua estrangeira (como *behaviorismo*, *uísque*, *dossiê*). Nessa perspectiva, o estrangeirismo é uma subcategoria do empréstimo: a palavra não é completamente assimilada pela língua, subsistindo diversos graus de incompatibilidades fonológico-grafemáticas, pelo que pode manter a grafia da língua original e merece um destaque tipográfico, como o itálico ou as aspas (como *big-bang*, *best-seller*, *bluff*, *brainstorming*).

Em seguida, procuramos dar conta da reflexão sobre a inovação lexical[20] em Português, documentada em textos metalinguísticos, numa perspectiva que hoje é diacrônica, mas que, à época em que foi redigida, constituía uma representação da sincronia.

Na primeira gramática do Português (1536), Fernão de Oliveira tenta limitar o âmbito do que se podia considerar inovação lexical, procurando assim defender a autonomia da língua. O fundo lexical de palavras portuguesas incluía as formadas no território e aquelas cuja origem não podia ser encontrada em línguas antigas (OLIVEIRA, 1536: C4v.). Não aceita que, por se estabelecer uma derivação etimológica, as palavras sejam consideradas como empréstimos: se *lume* vem "de *lumen* latino, e homem de *homo*, e molher de *mulier*; e livro e porta e casa e parede e quantos quiserdes, e não só latinos, mas gregos, arábigos, castelhanos, franceses e toda quanta outra imundícia puderem ajuntar, preguntar-lh'ei então que nos fica a nós ou se temos de nosso alguma cousa" (OLIVEIRA, 1536: C5r.).

No século XVI, a inovação lexical pode ser confundida com o início de uma sistemática reformulação da representação gráfica das palavras, que são corrigidas por analogia com os equivalentes latinos. O dicionário lati-

---

20. Preferimos o termo *inovação lexical* em vez de *neologismo*, porque refere com mais rigor a diversidade de processos para a criação de novas unidades lexicais numa língua.

no-português de Jerónimo Cardoso (publicado em 1562) é um dos últimos testemunhos do uso das formas antigas, antes da reforma latinizante:

(4)   *vertuoso* (cf. Lat. *virtus*)
      veçoso (cf. Lat. *vitiosus*)
      fremoso (cf. Lat. *forma*)
      benditoso (cf. Lat. *benedictus*)
      lagrimoso (cf. Lat. *lacrimosus*)

São também frequentes as formas com prefixos expletivos, posteriormente regularizadas por analogia com o Latim:

(5)   *escozer* (= cozer) – cf. Lat. *coquere*, cozer
      estrever (= atrever) – cf. Lat. *attribuere*, dar, imputar
      estroir (= destruir) – cf. Lat. *delere*, destruir

Na *Grammatica da lingua portuguesa* de João de Barros explicita-se que, na comparação das línguas modernas, a melhor e mais elegante é a "que se mais conforma com a latina, assi em vocábulos como na ortografia"[21] (BARROS, 1540: 54). Em 1576, na *Orthographia da Lingoa Portugueza* de Duarte Nunes de Leão, encontra-se a distinção entre o uso culto da língua, aferido pela latinidade, e um uso vulgar que reproduz a oralidade. O capítulo que prescreve a "Reformação de algumas palavras que a gente vulgar usa e screve mal"[22] é uma espécie de *appendix probi*[23], em que as formas portuguesas são reconvertidas a uma forma latina.

---

21. BARROS, J. (1540). *Grammatica da lingua portuguesa*. Olyssipone: Lodouicum Rotorigiu, 54.
22. LEÃO, D.N. (1576). *Orthographia da Lingoa Portugueza*. Lisboa: João de Barreira, 69v-71v.
23. *Appendix Probi* é o nome pelo qual é conhecido um texto metalinguístico, datável do século IV, que enuncia uma lista de erros ortográficos comuns e a sua correção. Por meio da análise desses erros identificam-se traços da evolução do Latim Vulgar.

(6)   *calidade / qualidade*
      cantidade / quantidade
      caronica, coronica / chronica
      cileiro / celleiro
      cinco / cinquo
      coadrar / quadrar
      concurdir / concluir
      conselho / concelho
      consinar / consignar
      contia / quantia
      coresma / quaresma

A obra poética de Camões é, nesta época, um excelente exemplo do aproveitamento dos decalques latinos para a construção de uma "língua literária". O aportuguesamento do léxico latino, adaptando-o à morfologia do Português, é um recurso apreciado e cultivado, seguindo cânones estéticos que valorizam a relação intertextual com a língua literária latina. A "língua" de Camões não existia nos dicionários contemporâneos, nem existia nos do século seguinte, pelo fato de estas palavras não serem entendidas como palavras úteis, já que nada acrescentavam ao significado original latino; a descodificação exigia a tradução para uma palavra "portuguesa". Numa estrofe de *Os Lusíadas* (1572) identificam-se várias palavras desconhecidas nos dicionários de Jerónimo Cardoso (publicados entre 1551 e 1570):

(7)

Lusíadas, 5, 39	Cardoso, *Dictionarium* (1570)
Não acabava, quando uma figura Se nos mostra no ar, **robusta** e **válida**,	**Robustus** (a. um). Cousa forçosa.
De disforme e grandíssima estatura,	**Validus** (a. um). Cousa valente & saã
O rosto carregado, a barba **esquálida**,	**Squalidus** (a. um). Cousa çuja.

39

Em seguida, a norma escrita culta torna-se um padrão aplicável também ao registo oral cuidado. Jerónimo Contador de Argote, nas *Regras da lingua portugueza*, procura evitar que os registros classificados como desviantes, próprios de "ignorantes", interfiram na aprendizagem. Os exemplos que cita testemunham toda uma série de fenômenos fonéticos e variedades lexicais que distinguem a língua não condicionada pela matriz escritural latina: "Para dizerem os rusticos *Por certo*, dizem *Bofé*. Aos *Tostoens* dizem *Tostaens*, aos *Grãos Grães*, &c. A letra Z muytas vezes pronunciaõ como G, [...] *Atreverse* dizem *Estreverse*. *Flores* dizem *Froles*, &c."[24].

Até à consciência explícita de uma diferenciação linguística nacional, o Português manteve uma elevada intercomunicação com o Castelhano, mas que não pode ser classificado como um bilinguismo competente em ambas as línguas. Os testemunhos de avaliação da competência dos portugueses são os textos escritos em Castelhano, por autores com formação escolar intermediada, em maior ou menor extensão, pelo Castelhano: até a implantação de uma tradição gramaticográfica e lexicográfica autônoma, os dicionários, gramáticas, tratados de direito, poéticas, traduções e outro tipo de livros técnicos escritos em vernáculo eram geralmente castelhanos.

O uso literário e poético do Castelhano em Gil Vicente, Camões ou no *Cancioneiro* de Garcia de Resende representa a exploração de uma língua alternativa, valorizada e apreciada, que apresentava provas de expansão lexical e expressão engenhosa que podiam também ser adotadas em Português. A desigualdade representativa dos corpora informáticos disponíveis para ambas as línguas ilustra a antedatação em Castelhano de formas derivadas, o que indiciaria tratar-se de empréstimos à língua vizinha e apontaria para uma castelhanização do Português (cf. VENÂNCIO, 2012). Atendendo a que são formas de baixa frequência e uso especializado, é preferível considerar que o Castelhano inaugurou e exemplificou o uso dessas palavras em textos escritos, mas que a sua formação também seria possível

---

24. ARGOTE, J.C. (1725). *Regras da lingua portugueza, espelho da lingua latina*. Lisboa Occidental: Off. da Musica, p. 299-300.

em Português. Tanto assim que, reproduzindo-se os contextos comunicativos que justificavam o seu uso, foram efetivamente usadas sem perturbar a coerência do sistema morfológico derivacional do Português. Confronte-se a primeira dicionarização em Português e a antedatação em Castelhano indicada em Venâncio (2012):

(8)

Cardoso (1562)	Antedatação em Castelhano
arrimo	*arrimo* (1435)
engaste	*engaste* (1490)
suborno	*soborno* (1516)
porte	*porte* (1545)
Cardoso (1570)	**Antedatação em Castelhano**
desconsolo	*desconsuelo* (1439)
tropiezo	*tropeço* (1531)

No período da monarquia dual (1580-1640) o Castelhano foi imposto em alguns atos de escrita burocrática e administrativa. Num contexto de reivindicação de independência, a experiência bilíngue foi perturbada e alterou-se irreversivelmente a apetência pelo uso literário e poético. Também por isso, no final do século XVII, a corte e a nobreza portuguesas estavam motivadas para acolher com interesse a ampla produção literária, científica e metalinguística que se vinha desenvolvendo em França.

Nos séculos XVI e XVII não se privilegiou a tradução para vernáculo de textos científicos, literários e religiosos, que geralmente circulavam editados em Latim. O *Vocabulário* de Bluteau (publicado entre 1712 e 1728), acompanhando os modelos de dicionários universais que se publicam na França, é a primeira recolha em Português das terminologias do mundo natural, das atividades humanas e de áreas da tradição da erudição humanista, como a filosofia, a teologia, a codificação literária e a retórica. Este dicionário é um documento metalinguístico especialmente informativo, porque assinala, por um lado, a introdução datável de neologismos no léxico, e, por outro, a aceitação de palavras latinas, perfeitamente adaptadas à morfologia portuguesa. Não se trata de tradução, mas uma transposição em que se mantém o significado original quase intacto, com a intenção de preencher o que se considerava serem vazios semânticos:

(9) Connivencia. He palavra Latina, da qual até agora naõ acho exemplo em Authores Portuguezes. Mas como poderá ser necessario o uso della para sinonymo de *consentimento*, [...] me pareceo bem fazer aqui mençaõ della (BLUTEAU. *Vocabulario*, 1712-1728, s.v.).

Os latinismos de Camões têm finalmente entrada na nomenclatura portuguesa do dicionário. Já no que respeita à integração de palavras gregas – sobretudo os termos técnicos da medicina, metalinguagem, cerimonial religioso e filosofia –, a admissão resulta de um consenso translinguístico, que reconhece um valor semelhante a essas unidades lexicais em Francês, Castelhano ou Português. Os exemplos são também do *Vocabulário*:

(10) Addicto. He palavra Latina, de **Addictus**, a, um, que val o mesmo que **inclinado**, ou **empenhado** em servir a alguem [...]

Adunco. He palavra Latina de **Aduncus**, que quer dizer, **Curvo, Retorcido** [...]

Alîpede. He palavra Latina de *Alîpus*, genitivo, **Alipedis**, val o mesmo, que o que tem **azas nos pés** [...]

Altisono. He palavra Latina de **Altisonus**, *a, um*. Cousa **que soa alto**. [...]

Hyposphagma. Termo de Medico. He palavra Grega **do verbo *Hiposphattein*, ferir por baixo**. Dizse de humas **roturas das veas por algum golpe nos olhos**.

Os empréstimos do Francês não se justificam apenas por transferência interdicionarística. Correspondem a uma efetiva influência na língua escrita e em registros que moldam a norma culta, como é o caso da esfera da corte. Ainda no *Vocabulário*, o periódico *Gazeta de Lisboa* e outros textos do início do século XVIII são fontes de atestação de novas palavras:

(11) Conjuntura. He tomado do Francez **Conjoncture**. He o estado dos negocios, boa, ou má disposiçaõ delles [*Gaz.*, 1720] [...]

Differença. Desavença. Neste sentido he tomado do Francez **Different**, que val o mesmo que debate [*Gaz.*, 1726] [...]

Felicitar. Felicitar, dar parabens. Neste sentido he tomado do francez **Feliciter**, e começa de ser usado em Portugal [*Gaz.*, 1722] [...]

Finanças. He tomado do Francez **Finances**, que val o mesmo, que Fazenda Real, ou o dinheiro, que procede das sizas [***Vida do Cardeal Mazarino***, 1707] [...]

A cultura francesa conquista progressivamente o seu espaço ao longo do século XVIII, e será dominante no século seguinte. As traduções, o ensino escolar das línguas estrangeiras e os dicionários promovem um novo desbloqueio morfológico e lexical, motivado pela comparação sobretudo com o Francês, e marginalmente com Castelhano e o Italiano. A descrição do léxico português deixa de enumerar apenas as palavras autorizadas e abre-se às palavras compreensíveis, admissíveis ou desejadas. A língua francesa intermediou a expansão terminológica interlíngue, mas também influenciou o léxico de registros não especializados. Ao início, as interferências seriam mais frequentes na língua escrita, mas pouco a pouco o contato com o Francês promove uma ressemantização de palavras portuguesas ou a integração de empréstimos.

A inovação lexical tornou-se perceptível na sincronia e suscitou uma reação "purista" aos empréstimos lexicais e sintáticos, com discussões acadêmicas e polêmicas entre escritores. O "galicismo" é um tópico recorrente na reflexão sobre a qualidade da língua literária ao longo de todo o século XIX. Logo em 1810, a Academia das Ciências de Lisboa encarrega Francisco de S. Luís (Cardeal Saraiva) de elaborar um documento com orientações prescritivas para restaurar a pureza da língua, indicando as palavras a suprimir do uso. No *Glossario das palavras e frases da Lingua Franceza que por descuido, ignorancia, ou necessidade se tem introduzido na locução Portugueza moderna* (1816), o autor propõe uma análise ponderada, que admite a introdução de palavras de origem francesa:

> O juízo que fazemos sobre cada palavra ou frase, a respeito de se poder, ou não, adoptar na nossa língua, não o declaramos sem algum receio de errar; por quão difficil nos parece conciliar neste ponto os diversos gostos dos leitores, e ainda as varias opiniões dos eruditos, em geral tivemos sempre diante dos olhos esta regra "Que sendo o vocábulo ou expressão de boa origem, derivado conforme a analogia, e ao mesmo tempo expressivo, e harmónico, se podia adoptar e trazer á nossa língua, ainda quando nesta houvesse algum synonymo, que exprimisse o mesmo conceito": porque estamos persuadidos, que convém a qualquer idioma ter não só vocábulos correspondentes a cada idéa, mas ainda variedade delles com o mesmo significado; para que o douto e avisado Escritor possa escolher a seu arbítrio, segundo a natureza e qualidades da sua composição [...][25].

Esta conclusão, com mais de dois séculos, representa a percepção de que os empréstimos são necessários, e que se podem integrar naturalmente na língua que os recebe, ou serem recusados por trazerem redundância ao sistema. Todavia, a história das discussões sobre a aceitabilidade dos empréstimos é geralmente preenchida por opiniões cientificamente infundadas, que defendem a vernaculidade (isto é, uma preferência programática por unidades lexicais com valores semânticos de uso antigo, ou a formação de novas unidades recorrendo de palavras existentes na própria língua) como uma qualidade objetiva das línguas vivas. Consideramos essa discussão pouco produtiva, visto que as línguas em contato são naturalmente permeáveis a influências mútuas, com direções de influência que variam na diacronia.

Mas interessante será acompanhar o complexo rasto dessas influências multidirecionais que contribuíram para a construção de um amplo patri-

---

25. S. LUÍS, F. (1816). "Glossario das Palavras e Frases da Lingua Franceza". *Historia e Memorias da Academia Real das Sciencias de Lisboa*, IV, parte II. Lisboa: Typographia da mesma Academia, 2-3.

mônio lexical que as línguas modernas românicas e germânicas partilham entre si. O conhecimento dos percursos das palavras pela história das línguas é ainda bastante limitado e alcançá-lo exige a capacidade de acesso a fontes e o domínio de métodos de investigação específicos. É um trabalho exigente, demorado e que nem sempre permite alcançar os resultados esperados. No caso do Português, tratando-se de uma língua cujo léxico tem, em boa parte, origem latina, o conhecimento do Latim pode trazer alguma capacidade de relacionamento entre a forma vernacular e uma das suas formas ancestrais. O mesmo se verifica quando falantes do Português aprendem uma outra língua românica e por aí descobrem semelhanças e divergências lexicais entre elas. Mas nem assim se resolveria plenamente o problema do conhecimento etimológico, dado que muitas palavras, com origens diversas ou até desconhecidas, ficariam por tratar.

A etimologia baseia-se, fundamentalmente, na pesquisa caso a caso. E essa busca de informação etimológica ou o seu sucesso dependem em larga medida dos instrumentos de consulta disponíveis e da sua efetiva consulta. Para conhecer o étimo de uma palavra não basta consultar um dicionário que contenha alguma informação deste tipo. É frequente encontrar nos dicionários contemporâneos do Português abonações latinas que não se encontram nas fontes textuais. Por exemplo, no DLPC, aponta-se para a palavra *computável* a origem no Latim *computabilis*, que é uma forma sem uso documentado; a hipótese de um empréstimo por contato interlinguístico com uma língua moderna torna-se por isso mais aceitável.

O trabalho de pesquisa etimológica pode ser iniciado pela colocação de uma hipótese, mas desejavelmente só termina com a confirmação em dados documentais que a autorizem. Pelo caminho, há toda a vantagem em registrar atestações que documentem as mudanças de forma, bem como as mudanças semânticas, que permitem avaliar a duração do processo de transferência e esclarecer que variações ocorreram na passagem entre línguas.

4 PORTUGUÊS BRASILEIRO E PORTUGUÊS EUROPEU: VARIAÇÃO LEXICAL

A variação lexical é um dado constantemente presente no contraste entre línguas, dialetos, socioletos e até, por vezes, na comparação entre idioletos. Os contrastes lexicais evidentes que se manifestam na comparação entre as diversas variedades nacionais do Português são, pois, esperáveis e não devem ser entendidos senão como uma manifestação da vitalidade de cada uma dessas variedades. É por este ângulo que seguiremos para a caracterização das relações de semelhança e de diferença na comparação entre o Português Brasileiro (PB) e o Português Europeu (PE). A descrição que se segue procura identificar grandes tipos de diferenças num quadro alargado de partilha de semelhanças. Trata-se, evidentemente e uma vez mais, de um exercício de abstração: tomar o PB ou o PE como entidades coesas e uniformes só é possível nessa dimensão. Muitos dos contrastes aqui referidos podem verificar-se num dialeto do PB, mas não num outro, ou num dialeto do PE e não num outro, mas não seria viável, num trabalho com as características do presente, fazer descrições mais detalhadas e (imaginariamente) exaustivas.

Deve, entretanto, referir-se que o uso formal da língua, que procura respeitar as prescrições gramaticais, mostra muito menos diferenças entre as duas variedades do Português do que os usos menos constrangidos socialmente, e que são também os que ocorrem tipicamente na oralidade. No entanto, o acesso aos dados relevantes é muito dificultado pela inexistência (ou mesmo pela impossibilidade) de bases lexicais que registrem, de forma sistemática e pesquisável, usos linguísticos em contextos informais. A comparação lexical que se estabelece entre as variedades brasileira e europeia do Português é condicionada por essa circunstância e assenta mais no conhecimento de dialetos particulares dessas duas variedades e no acesso a fontes de informação, como o CRPC e o CdoP, do que numa real possibilidade de generalização.

Importa ainda enquadrar a descrição que se segue, e que torna mais salientes as diferenças do que as semelhanças, numa observação mais geral que permite compreender que boa parte do léxico do PB e boa parte do léxico do PE é comum, quer se trate de palavras simples quer se considerem palavras complexas, e que o sistema morfológico de formação de palavras é também dominantemente partilhado. Vejamos então no que se distinguem os léxicos destas duas variedades do Português, admitindo desde logo que muitas dessas diferenças podem ser tipificadas e sistematizadas.

O processo de autonomização política do Brasil em relação a Portugal, tal como a distância física, terão criado condições suficientes para que um patrimônio comum viesse a dar origem a dois edifícios distintos. A descrição que se segue parte da observação do léxico contemporâneo, procurando esclarecimentos, sempre que tal se justifica, na diacronia e na estrutura morfológica das palavras. Começaremos por observar diferenças que resultam da sorte que a mesma palavra, inicialmente partilhada, foi tendo à medida que as duas variedades foram autonomizando-se (são estes os casos de diferenciação exemplificados a seguir – cf. 4.1); veremos, em seguida, contrastes que resultam das diferentes circunstâncias de evolução destas duas variedades do Português (descritos em 4.2, como casos de diferentes escolhas léxicas). Por último, descreveremos contrastes lexicais de natureza morfológica (cf. 4.3).

4.1 Casos de diferenciação a partir de uma origem lexical comum

Há muitas palavras que, fazendo parte do léxico do Português trazido para o Brasil no século XV e seguintes, aqui conheceram um destino diferente do que lhes coube na Europa. Vários verbos mostram contrastes deste tipo – é o que se verifica, por exemplo, no caso de *botar*. À sua permanência (e talvez até extensão semântica) no PB, contrapõe-se, no PE, o uso restrito a dialetos não dominantes e a tendência generalizada para a utilização de *pôr*, nos contextos equivalentes:

(12) a. PB ***botar*** *a mesa*
PE ***pôr*** *a mesa*
b. PB ***botar*** *o dinheiro para render*
PE ***pôr*** *o dinheiro a render*

Também sentido como uso antigo no PE é o do verbo *jogar* com o valor de "atirar", uso que é absolutamente habitual no PB. Na posição inversa está o verbo *deitar*, quando usado com idêntico valor semântico no PE:

(13) a. PB *não **jogue** a roupa no chão*
PE *não **atires** a roupa para o chão*
b. PB *a vítima não se **jogou** pela janela, foi empurrada*
PE *a vítima não se **atirou/deitou** da janela abaixo, foi empurrada*
c. PB ***jogar*** *no lixo*
PE ***deitar*** *no lixo*

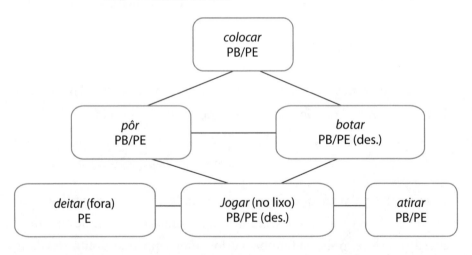

As relações semânticas que esses diversos verbos estabelecem entre si podem ser representadas num diagrama concebido no quadro de uma proposta de Wunderlich (2006: 5) sobre a arquitetura do léxico, segundo a qual as unidades lexicais podem ser vistas como nós de uma rede que espalha os traços da caracterização da informação lexical. Esta proposta é também interessante pelo fato de prever que certos nós podem ser mais frequentemente instanciados, o que permite considerá-la como uma importante ferramenta de análise lexical, em particular nos casos de análise contrastiva.

Um outro exemplo da diversidade de sentidos e usos é o que diz respeito ao verbo *quebrar* e às suas relações com os verbos *partir*, *avariar*, *estragar* e *enguiçar*, exemplificadas nas frases de (14) e representadas no diagrama seguinte:

(14) a. PB   *o copo **quebrou***
         PE   *o copo **partiu**-se*
     b. PB   *a máquina de café **quebrou**/**enguiçou**/**estragou***
         PE   *a máquina de café **estragou**-se/**avariou**-se*

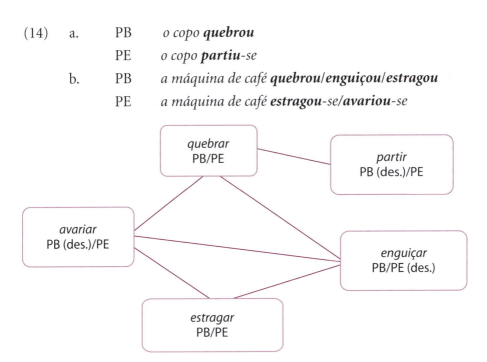

Verbos deste tipo (com uma estrutura morfológica simples e uma notável antiguidade na língua[26]) são palavras com uma semântica complexa e

---

26. Os verbos *estragar*, *partir* e *quebrar* e os verbos *jogar*, *pôr* (na forma *poer*) e *deitar* estão atestados em textos do século XIV ((v. CdoP), *atirar*, *colocar* e *botar*) encontram-se em textos do século XV (v. CdoP). As primeiras atestações dos verbos *avariar* e *enguiçar* são as dos seus registos dicionarísticos, no século XVII (v. CLP).

muito dependente de colocações que tanto ganham peso em determinado momento como o perdem no momento seguinte, dando lugar a outras, o que pode explicar diferentes preferências em diferentes sincronias e em diferentes geografias.

4.2 PE, PB: escolhas lexicais distintas

Um outro tipo de contraste, muito dependente da diferenciação cultural e da independência das histórias linguísticas do Português Brasileiro e Europeu, é o que se observa muito especialmente na escolha e tratamento de empréstimos. Há casos em que as palavras escolhidas por cada uma das variedades são empréstimos com diferentes origens (cf. 15a) e casos em que apenas uma das variedades usa um empréstimo, podendo tratar-se quer do Português Brasileiro (cf. 15b), quer do Português Europeu (cf. 15c), havendo até casos de escolha de diferentes latinismos (cf. 15d):

(15) a.   PB   *concreto*   cf. Ing. *concrete*
           PE   *betão*   cf. Fr. *béton*
           PB   *camiseta*   cf. Fr. *chemisette*
           PE   *t-shirt*   cf. Ing. *t-shirt*
           PB   *suéter*   cf. Ing. *sweater*
           PE   *pulôver*   cf. Ing. *pull over*

      b.   PB   (telefone) *celular*   cf. Ing. *cell phone*
           PE   *telemóvel*
           PB   *band-aid*   cf. Ing. *Band-Aid*
           PE   *penso rápido*
           PB   *bonde*   cf. Ing. *bond* "ação, título"
           PE   (carro) *elétrico*
           PB   *dublar*   cf. Fr. *doubler*
           PE   *dobrar*

c.	PB	*tela*	
	PE	*ecrã*	cf. Fr. écran
d.	PB	*inflar, inflável*	cf. Lat. *inflare*
	PE	*insuflar, insuflável*	cf. Lat. *insufflare*

No domínio dos empréstimos, um dos mais evidentes fatores de diferenciação é o que se relaciona com o contato do Português Brasileiro com as línguas ameríndias (cf. *aipim, arara, capivara, tocaia*) e africanas[27] (cf. *banguela, caçula, carimbo, mocambo*). A maior parte destas palavras não faz parte do léxico do Português Europeu, mas basta encontrar-se um pretexto, como a importação de uma fruta ou outra espécie vegetal ou botânica para que essas palavras também passem a integrá-lo. Foi o que sucedeu com *caju* ou *mandioca*, ainda que em certos casos a palavra preferida não seja a mesma (cf. *abacaxi*, no Brasil; *ananás*, em Portugal[28]) ou não tenha a mesma forma fonética ou ortográfica (cf. *quizila*, no Brasil; *quezília*, em Portugal).

As escolhas lexicais distintas são, porém, mais generalizadas, não afetando apenas empréstimos, mas palavras de diversos tipos. Em termos gerais, pode referir-se que os contrastes mais frequentes se encontram no domínio dos nomes, mas também é possível identificar exemplos noutras categorias lexicais:

| adjetivos ||
PB	PE
cafona	piroso
legal, maneiro	fixe, porreiro

| verbos ||
PB	PE
arrumar (um jeito)	arranjar (uma maneira)
machucar	magoar

---

27. Cf. Petter (2002) e Bonvini (2002).
28. *Abacaxi* e *ananás* podem, em certos dialetos, ser usados como equivalentes, designando o mesmo fruto; noutros dialetos, esses termos podem identificar subespécies distintas.

nomes simples ou lexicalizados						
PB	PE	PB	PE	PB	PE
apostila	*sebenta*	*grama*	*relva*	*rocambole*	*torta*
cola	*cábula*	*jaqueta*	*blusão*	*suco*	*sumo*
descarga	*autoclismo*	*marrom*	*castanho*	*tela*	*écran*
esmalte	*verniz*	*pedágio*	*portagem*	*time*	*clube*
esparadrapo	*adesivo*	*pedestre*	*peão*	*trem*	*comboio*
fantasia	*máscara*	*pistolão*	*cunha*	*vitrine*	*montra*
fiambre	*presunto*	*plugue*	*ficha*	*xícara*	*chávena*

adjetivos derivados		nomes derivados		verbos derivados	
PB	PE	PB	PE	PB	PE
trapaceiro	*aldrabão*	*aquecedor*	*esquentador*	*aterrisar*	*aterrar*
		embutido	*enchido*		
		grampeador	*agrafador*		

Note-se que estes contrastes podem ser estabelecidos entre palavras do mesmo tipo morfológico, como nos casos anteriores, ou de diversos tipos. Os quadros seguintes mostram contrastes entre palavras simples ou lexicalizadas e palavras derivadas, palavras formadas por modificação (neste caso, diminutivos), compostos de vários tipos e expressões sintáticas lexicalizadas.

Note-se que a ocorrência destes diferentes tipos de palavras nas duas variedades do Português é imprevisível – trata-se de escolhas lexicais autônomas, feitas num estado de mútuo desconhecimento. De igual modo, a lexicalização[29], ou seja, a perda de composicionalidade de uma estrutura complexa, que é um processo aleatório e de atuação imprevisível, intervém no PB e no PE diferentemente.

---

29. As palavras complexas lexicalizadas comportam-se de forma muito semelhante às palavras simples, dado que a lexicalização é um processo de perda da composicionalidade e, portanto, da estrutura interna da palavra.

PB NOMES SIMPLES OU LEXICALIZADOS	PE NOMES DERIVADOS
bala	rebuçado
cadarço	atacador
freio	travão
pia	lavatório
sorvete	gelado
usuário	utilizador

PB NOMES DERIVADOS	PE NOMES SIMPLES OU LEXICALIZADOS
acostamento	berma
curativo	penso
furadeira	berbequim
geladeira	frigorífico
mamadeira	biberon
torcida	claque

PB NOMES DIMINUTIVOS LEXICALIZADOS	PE NOMES SIMPLES OU COMPLEXOS
armarinho	retrosaria
chapinha	cápsula
escaninho	cacifo
folhinha	calendário
lanterninha	arrumador
senhorinha	menina

PB NOMES SIMPLES OU COMPLEXOS	PE NOMES DIMINUTIVOS LEXICALIZADOS
lisboeta	alfacinha
namorico	arranjinho
birita	cheirinho
mutreta	estrangeirinha
licor de ginja	ginginha
van/perua	carrinha

| nomes diminutivos lexicalizados ||
PB	PE
mauricinho	betinho
patricinha	betinha

PB NOMES SIMPLES	PE NOMES COMPOSTOS
pia	lava-louça

PB NOMES COMPOSTOS	PE NOMES SIMPLES
necrotério	morgue

PB	PE		PB	PE
NOMES DERIVADOS	NOMES COMPOSTOS		NOMES COMPOSTOS	NOMES DERIVADOS
goleiro hodômetro lanternagem	guarda-redes conta-quilómetros bate-chapa		aeromoça salva-vidas	hospedeira banheiro

NOME COMPOSTO	
PB	PE
vagão-dormitório	carruagem-cama

PB	PE		PB	PE
NOMES SIMPLES OU COMPLEXOS	EXPRESSÕES SINTÁTICAS LEXICALIZADAS (N SP)		EXPRESSÕES SINTÁTICAS LEXICALIZADAS (N SP)	NOMES SIMPLES OU COMPLEXOS
escanteio favela hidrante maiô síndico térreo	pontapé de canto bairro de lata boca de incêndio fato de banho administrador do condomínio rés-do-chão		batedor de carteira bolinha de gude creme de leite faixa de pedestre pé de pato placa do carro	carteirista berlinde natas passadeira barbatanas matrícula

PB	PE		PB	PE
NOMES SIMPLES OU COMPLEXOS	EXPRESSÕES SINTÁTICAS LEXICALIZADAS (N ADJ)		EXPRESSÕES SINTÁTICAS LEXICALIZADAS (N ADJ)	NOMES SIMPLES OU COMPLEXOS
benjamim camelô estepe	ficha dupla vendedor ambulante pneu sobresselente		água sanitária água-viva caixa postal dedo-duro pão-duro porra-louca boa-praça meio-fio filé-mignon prefixo telefônico vaso sanitário sem-vergonha	lixívia alforreca apartado denunciante forreta irresponsável boa alma lancil lombo indicativo sanita desenvergonhado

EXPRESSÕES SINTÁTICAS LEXICALIZADAS	
PB	PE
bem-bom sem-teto	Boa-vida sem-abrigo

EXPRESSÕES SINTÁTICAS LEXICALIZADAS	
PB	PE
caixa de câmbio carteira de identidade carteira de motorista hora do rush ponto de ônibus	caixa de mudanças bilhete de identidade carta de condução hora de ponta paragem do autocarro

EXPRESSÕES SINTÁTICAS LEXICALIZADAS	
PB	PE
quatro-olhos secretária eletrônica teto solar	(um) caixa de óculos atendedor de chamadas teto de abrir

EXPRESSÕES SINTÁTICAS LEXICALIZADAS	
PB	PE
história em quadrinhos	banda desenhada

Menos frequentes, mas mais nocivos à intercompreensão, são os casos de falsos amigos. *Apelido*, por exemplo, é uma palavra em uso nas duas variedades do Português, mas o valor semântico que possui no PB (como sinônimo de *apodo*) cabe, no PE, a uma palavra em desuso no PB, que é *alcunha*. No PE, *apelido* tem o valor semântico de *nome de família*, equivalente a *sobrenome*, no PB. A lista que se segue mostra outros exemplos:

Valor semântico	PB	PE
apodo	**apelido**	alcunha
patronímico	sobrenome	**apelido**
parte da casa dedicada a higiene pessoal	**banheiro**	casa de banho
vigilante de praia	salva-vidas	**banheiro**
mulher que vende bilhetes	**bilheteira**	vendedora de bilhetes
lugar onde se vendem bilhetes	bilheteria	**bilheteira**
encher os pneus	**calibrar**	encher
equilibrar os pneus	balancear	**calibrar**

Valor semântico	PB	PE
roupa feminina para dormir	**camisola**	camisa de dormir
peça de vestuário em malha	suéter, malha	**camisola**
tipo de salada	**salpicão**	salada
processado de carne	embutido	**salpicão**
corte	**talho**	golpe, ferida
lugar onde se vende carne	açougue	**talho**

Um outro tipo de contraste lexical é o que se manifesta por diferentes realizações fonéticas para as mesmas palavras ou palavras muito próximas, por vezes fundamentadas em diferentes escolhas etimológicas:

PB		PE	
It. *a fresco* >	afresco	fresco	< It. *fresco*
PE. *aluguer* >	aluguel	aluguer	< Cast. *alquiler*
Fr. *bébé* >	bebê	bebé	< Fr. *bébé*
Fr. *camion* >	caminhão	camião	< Fr. *camion*
PE. *chocalhar* >	chacoalhar	chocalhar	← chocalh(o)
Fr. *décoller* >	decolar	descolar	< Lat. *decolare*
Ing. *sport* >	esporte	desporto	< Fr. Ant. *déport*
Ing. *intonation* >	entonação	entoação	← entoa < Lat. *intonare*
Lat. *asparagu* >	aspargo	espargo	< Lat. *asparagu*
Fr. *espionner* >	espionar	espiar	< Ger. *spaiha*
gera(r) →	gerativa	generativa	< Ing. *generative*
cf. Groenlândia >	groenlandês	gronelandês	cf. Gronelândia
Lat. *pellutiu*- > It. *peluzzo* >	pelúcia	peluche	< Fr. *peluche*
Pt. *registro* >	registro	registo	< registro < Lat. *registru*-

Há ainda dois domínios que mostram comportamentos bastante distintos no PB e no PE. O primeiro é o do léxico utilizado na interação com crianças e na identificação de relações familiares. Estes são contrastes facilmente explicáveis, dado tratar-se de palavras usadas num registro de linguagem muito circunscrito e privado:

PB	PE
popô	tutu
carrinho	popó
papá	papinha
dodói	doidói
mimir, nanar	fazer óó
neném	bébé

PB	PE
mamãe	mamã
papai	papá
vóvó	(a)vózinha
vôvô	(a)vôzinho
titia	titi, tiazinha
titio	tiozinho
dinda	madrinha
dindo	padrinho
caçula	filho mais novo
temporão	irmão nascido muito depois de outro
tataravô	tetravô
xará	pessoa que tem o mesmo nome
babá	ama

O segundo desses dois domínios diz respeito a nomes próprios. A legislação portuguesa limita muito as possibilidades de atribuição de nomes próprios[30]. No direito brasileiro, a atribuição de um nome é objeto do art. 16 do Código Civil, não havendo restrições sobre a sua natureza[31]. Essa diferença tem possibilitado um enorme afastamento entre os nomes próprios usados no Brasil e em Portugal.

Por outro lado, os hipocorísticos dos nomes próprios também tendem a ser formados de forma distinta. É possível que a redução de vogais átonas, processo fonológico que marca a sonoridade do Português Europeu, permita explicar a formação destas "abreviaturas" por truncamento das sílabas pretônicas, e, em alguns casos, também das postônicas. No PB, dado que o timbre das vogais átonas é preservado, o truncamento afeta a sequência final da palavra:

---

30. A lista dos nomes admitidos está disponível em http://www.irn.mj.pt/IRN/sections/irn/a_registral/registos-centrais/docs-da-nacionalidade/vocabulos-admitidos-ou/
31. Toda pessoa tem direito ao nome, nele compreendidos o prenome e o sobrenome.

PB		PE	
Bernardo	Bê	António	Tó
Leonardo	Leo	Conceição	São
Teresa	Tê	Margarida	Guida

Feita esta caracterização geral de contrastes lexicais entre o PB e o PE, vejamos agora casos de contraste que afetam propriedades das unidades lexicais. Estes contrastes podem situar-se na relação de pertença à especificação da classe temática (cf. 16), na posição do acento de palavra (cf. 17), nos valores de gênero (cf. 18) e no número (cf. 19), ou na flexão verbal (cf. 20):

(16) PB *cuspe*   PE *cuspo*
             gol   *golo*
             aceito/aceita   *aceite*
             ducha   *duche*

(17) PB *libido*   PE *líbido*
             Elis   *Élis*
             Oscar   *Óscar*

(18) PB *um avestruz*   PE *uma avestruz*
             um sanduíche   *uma sanduíche*
             um carpete   *uma carpete*

(19) PB *o(s) óculos(s)*   PE *os óculos*

(20) PB *negocio*   PE *negoceio*
             negocias   *negoceias*
             negocie   *negoceie*
             negociem   *negoceiem*

4.3 Contrastes lexicais de natureza morfológica

Alguns dos casos anteriormente referidos envolvem palavras derivadas. Nestes casos, pode verificar-se uma de quatro situações que contrastam formas semanticamente equivalentes:

I. A forma de base é a mesma, o sufixo é diferente:

(21)   PB   *Pedro é uma pessoa muito **prestativa***
       PE   *O Pedro é uma pessoa muito **prestável***
       PB   *Os **fumantes** vão para essa sala*
       PE   *Os **fumadores** vão para esta sala*

II. A forma de base é diferente, o sufixo é o mesmo:

(22)   PB   *Vou olhar o que o **encanador** está fazendo*
       PE   *Vou ver o que o **canalizador** está a fazer*

III. A forma de base é diferente e o sufixo também:

(23)   PB   *Vou pegar um **resfriado***
       PE   *Vou apanhar uma **constipação***

IV. A forma de base é a mesma, mas os processos morfológicos de formação de palavras são distintos (p. ex., derivação por sufixação e por parassíntese):

(24)   PB   *Meu filho começou a **engatinhar** faz pouco tempo*
       PE   *O meu filho começou a **gatinhar** há pouco tempo*
       PB   *Preciso comprar meio quilo de toucinho **defumado***
       PE   *Preciso de comprar meio quilo de toucinho **fumado***

Esses exemplos parecem indicar que, ainda que os processos morfológicos de formação de palavras disponíveis no PB e no PE sejam os mesmos e que o material lexical disponível nas duas variedades seja, numa parte muito significativa, comum, o uso que deles é feito pode variar. Na perspectiva da análise linguística, contrastes desse tipo entre palavras derivadas têm a vantagem de permitir identificar os sufixos concorrentes que realizam os mesmos processos de formação de palavras, dado que esses sufixos ocorrem em outras formas independentes e comuns às duas variedades. Vejamos alguns exemplos:

PB		PE		PB/PE
remel]$_{RS}$ ento	=	remel]$_{RS}$ oso		poeir]$_{RS}$ ento ansi]$_{RS}$ oso
desespera]$_{TV}$ dor	=	desespera]$_{TV}$ nte		acusa]$_{TV}$ dor irrita]$_{TV}$ nte
classifica]$_{TV}$ tório	=	classifica]$_{TV}$ tivo		acusa]$_{TV}$ tório administra]$_{TV}$ tivo
fich]$_{RS}$ ário	=	fich]$_{RS}$ eiro		adagi]$_{RS}$ ário berr]$_{RS}$ eiro
desenh]$_{RS}$ ista	=	desenha]$_{TV}$ dor		maquin]$_{RS}$ ista governa]$_{TV}$ dor
serr]$_{RV}$ agem	=	serra]$_{TV}$ dura		aparelh]$_{RV}$ agem cerca]$_{TV}$ dura

Um outro tipo de contraste é o que resulta de alterações nas restrições de seleção dos processos de formação de palavras. O verbo *independer*, por exemplo, bem aceite no PB e rejeitado pelos falantes no PE, é um neologismo resultante de intervenção de um processo morfológico de prefixação negativa, até há pouco desconhecido no Português[32]: o prefixo *in-* associa-se tipicamente a adjetivos, com valor negativo (p. ex. *incapaz*). Casos como *desatender* ou *desconsiderar*, igualmente resultantes de uma inovadora prefixação negativa, mas desta vez com *des-*[33], parecem não suscitar

---

32. Há casos mais antigos e mais consensuais nas duas variedades, como *indeferir*.

33. Há, no Português, dois prefixos *des-*: um associa-se a adjetivos para formar a sua contrapartida negativa (*leal-desleal*), outro associa-se a verbos para formar verbos que designam uma ação contrária (*ligar-desligar*).

juízos de aceitabilidade distintos nas duas variedades do Português. O alargamento das restrições de seleção de *in-* pode então ser visto como um caso de mudança morfológica por atribuição de propriedades distintas a uma sequência já existente, e que é partilhado pelas duas variedades, ainda que, como nos casos anteriormente referidos, os produtos gerados possam não ser coincidentes.

Um caso que, na sua gênese, é semelhante aos anteriores, mas que não é partilhado pelas duas variedades do Português, é o que diz respeito à formação de nomes deverbais em *-ada*, que ocorrem como objeto de *dar*, referindo uma ação atenuada:

(25)   *A Maria **deu uma pensada** no assunto*

Este processo de formação de palavras e a construção em que ocorrem têm sido objeto de diversos trabalhos (cf. BASÍLIO, 2001, LISBOA DE LIZ, 2004 e 2007, SCHER, 2006), sempre relativos ao Português Brasileiro. É possível que haja ocorrências deste tipo de construção morfológica também no Português Europeu, mas serão menos frequentes e contam com a concorrência dos deverbais do mesmo tipo, formados pelo sufixo *-dela*:

(26)   *Deixa-me dar uma **mordida***
       *Deixa-me dar uma **mordidela***

Esta é uma evolução da morfologia do PB que o PE desconhece: muitas das palavras assim formadas (e.g. *pensada*) não são aceites pelos falantes do PE, nem na construção em que tipicamente ocorrem no PB (e.g. *dar uma pensada*), nem noutra, nem são substituíveis por formas em *-dela* (e.g.*pensadela*).

Um último exemplo de contraste lexical resultante de contrastes morfológicos diz respeito ao surgimento das formas *mirim* e *açu*. Tratando-se de empréstimos do Tupi, é compreensível que tenham ocupado um lugar no

PB e não no PE. Os registros lexicográficos que se encontram no dicionário Houaiss classificam estas formas como adjetivos e como pospositivos, embora não seja fácil compreender como é estabelecida a diferença (cf. *lagoa mirim* e *paraná-mirim*). Aliás, a ocorrência de *mirim* como "antepositivo" (ex. *mirim-preguiça*), para utilizar a etiqueta do dicionário Houaiss, ainda torna mais problemática a sua consideração como "pospositivo".

mirim	do tupi mi'ri "pequeno"	*açu*	tupi wa'su (com queda da semivogal) "grande, enorme, maior, importante"
adjetivo de dois gêneros 1 de tamanho reduzido; pequeno 　　Ex.: *lagoa m.* 2 que ainda é criança; infantil, pueril 　　Ex.: *cacique m.*, *cantor m.* 3 de criança; destinado às crianças. 　　Ex.: *clube m.* 4 Rubrica: futebol. Regionalismo: Brasil. Na faixa de 14 anos (jogadores)		adjetivo de dois gêneros de grande porte; avultado, volumoso	
pospositivo, às vezes reduzido a -*im* e -*i*; 　　Ex.: *abatimirim*, *paraná-mirim* nuns poucos casos, ocorre como antepositivo 　　Ex. *mirim-guaçu/miringuaçu*		pospositivo	

Os exemplos com *mirim* são muito numerosos, mas, quando associados a uma base nominal, designam quase sempre topônimos (e.g. *Guapimirim*) e nomes de espécies animais e vegetais (cf. *canela-mirim*, *tamanduá-mirim*). O que se passa com *açu* é, mais ou menos, simétrico ao que se verifica com *mirim*: os exemplos listados são quase sempre topônimos (e.g. *Iguaçu*), ou designações de espécies vegetais ou animais (e.g. *maracujá-açu*, *minhoca-çu*). Esta especialização semântica limita a produtividade do uso destas formas, mesmo no PB.

Há um aspecto interessante na redução de *mirim* a *-im* (agora já mais claramente um sufixo), em formas como *aipim*, *capim* ou *jenipapim*, que têm um valor diminutivo. Por coincidência, ou talvez não, idêntico valor e forma semelhante é a do sufixo caracterizado como redução de *-inh-* e que ocorre em palavras como *botequim*, *camarim*, *cornetim*, *farolim*, *festim*, *folhetim*, *malandrim* ou *varandim*. Parece tratar-se de um caso de contaminação lexical.

Em suma, a existência de contrastes lexicais entre o PB e o PE é um fato incontornável e gerador de alguns problemas de intercompreensão entre falantes das duas variedades. Mas esta sua existência e a facilidade com que podem ser observados é uma mais-valia para o conhecimento do léxico do Português e para a compreensão do léxico na competência linguística dos falantes.

5 SEGMENTAÇÃO DO CONTÍNUO SONORO E REGISTRO GRÁFICO DAS PALAVRAS

Nesta parte final do primeiro capítulo voltamos à discussão sobre a natureza das unidades lexicais. A materialidade fonética dos enunciados linguísticos está, sem dúvida, na base do seu conhecimento das palavras, por intervenção de uma operação de segmentação que exige o domínio de instrumentos de análise. Um desses instrumentos é o da identificação das sílabas tônicas, que estabelece domínios de acentuação e que é fundamental para a localização da fronteira direita da palavra. O início de um enunciado linguístico e, portanto, também o da primeira palavra é marcado pela transição do silêncio à articulação de sons linguisticamente significativos. O final da primeira palavra (e, portanto, também início da segunda) há de ser encontrado a partir da posição da primeira sílaba tônica (numa janela de três sílabas). Estamos, portanto, a falar de palavras enquanto unidades prosódicas. Um fator de perturbação para esta operação de corte das sequências frásicas é o que resulta do desacerto entre os limites das palavras enquanto unidades prosódicas e as palavras enquanto unidades sintáticas, morfológicas ou lexicais. Vejamos o caso da especificação das palavras por formas clíticas. Os exemplos que se seguem mostram sequências ambíguas de diversos tipos. No primeiro caso, uma das segmentações conduz a um resultado ininterpretável, mas durante o processo de aquisição do léxico, sem informação prévia, ambas as possibilidades são legítimas.

(27) a. *o mapa*
*uma apa

b. *umbigo*
*um bigo

c. [so'Xiu]
sou rio
sorrio

['kalisi]
cale-se
cálice

d. ['ʒɛmi]
Ptg. *geme*
Fr. *j'aime*

Esses exemplos suscitam alguns comentários. A sequência *uma apa* (cf. 27a) poderá ser entendida como melhor do que a sequência *o mapa* porque a terminação nominal em *-a* está muitas vezes associada ao feminino e essa condição não é aquela que aqui se verifica. No caso seguinte (cf. 27b), a ocorrência da segmentação *um bigo* estará talvez relacionada com a baixa frequência de palavras que comecem por vogal e, mais ainda, vogal nasal. Em (27c)[34], uma única sequência fonética é ambígua, tendo duas interpre-

---

34. Exemplos retirados do texto da canção *Vide Gal*, de Carlinhos Brown, e da canção *Cálice*, de Chico Buarque.

tações possíveis e igualmente aceitáveis. Por último, o exemplo em (27d)[35] mostra que a ambiguidade se pode estabelecer entre línguas diferentes, que segmentam e interpretam diferentemente uma única sequência fonética. Este exemplo mostra, aliás, que a compreensão de um contínuo sonoro e, portanto, o processo de identificação das unidades lexicais que o constituem assenta num compromisso sobre a língua que está a ser usada numa dada situação de interação linguística.

A segmentação prosódica do contínuo sonoro não explica, pois, tudo o que sabemos acerca das palavras, matéria que será retomada no capítulo seguinte. Vejamos, para já, o que nos revela um domínio que não ocupa uma posição central na discussão linguística acerca do conceito de palavra, e que é o do seu registro gráfico.

A língua que se fala e a que se escreve não são uma mesma realidade. Do diferimento do surgimento de uma (a língua escrita) em relação à outra (a língua falada), às especificidades dos processos de aquisição da linguagem e da aprendizagem de leitura e da escrita, aos contrastes já conhecidos no processamento da fala e da leitura, são muitos os indícios da autonomia desses dois sistemas. No entanto, a escrita de tipo fonológico tem uma base orientada para o registro dos sons, tal como a segmentação da escrita em palavras gráficas revela capacidade de análise gramatical.

O uso de registros escritos pelos sumérios, há mais de cinco mil anos, pode ser encarado como o momento inaugural da reflexão sobre as línguas. Os desenvolvimentos posteriores desse gesto não poderão ter ignorado questões básicas sobre a análise das estruturas linguísticas, dada a necessidade de encontrar métodos e fixar critérios para o registro gráfico da oralidade, que entretanto se estabeleceu como objetivo primordial. É o que parece revelar o fato de sumérios e egípcios demonstrarem, na escrita, a capacidade de segmentar o discurso em frases e palavras.

---

35. Exemplo retirado do texto da canção *Joana Francesa*, de Chico Buarque.

O critério que considera palavras como as sequências grafadas entre espaços em branco parece ser mais recente, estando relacionado com a introdução das vogais e posterior surgimento da escrita cursiva[36], que o Grego antigo e o Latim viriam a adotar por influência da grafia árabe. A observação dos documentos antigos em que se identifica a emergência do léxico português (*Notícia de Fiadores*, 1175 – vd. MARTINS, 1999, 2007) mostra que a palavra é, então, um conceito claramente definido e praticado como uma sequência de letras entre espaços em branco.

Notícia de Fiadores, 1175
IAN/TT, Mosteiro de São Cristóvão de Rio Tinto, maço 2, documento 10; 120x327mm

De onde vem essa convenção que agora achamos tão natural? Tal como na segmentação do contínuo sonoro, regra geral, as unidades que surgem na escrita entre espaços em branco são coincidentes com aquilo a que a morfologia ou a sintaxe chamam palavras. As divergências que podem vir da realização fonética ou da estrutura frásica são sistemáticas e reveladoras do mesmo problema de definição de palavra enquanto unidade linguística, e não apenas unidade fonética ou ortográfica. Vejamos alguns exemplos.

---

36. Sobre este assunto, cf. Saenger (1997:9).

O primeiro diz respeito a casos de sândi[37] externo. Regra geral, as alterações fonéticas que ocorrem entre palavras não se refletem na grafia, havendo mesmo soluções fonéticas diversas no Português Brasileiro e no Português Europeu:

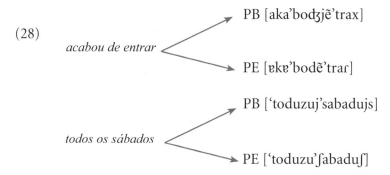

Há, no entanto, casos em que a grafia procura registrar alterações fonéticas desta natureza: é o que se verifica com as chamadas contrações. Estas formas correspondem, em geral, a assimilações das preposições *a*, *de*, *em* e *por* a artigos, pronomes ou advérbios. Na oralidade não há distinções, mas há indicações normativas que procuram condicionar a grafia (como, p. ex., a de prescrever que não pode ser feita a "contração" do artigo especificador do sujeito de uma frase infinitiva: É o momento de o presidente falar).

Nas tabelas seguintes, registram-se as frequências de ocorrência das contrações gráficas das preposições *de* e *em* com os artigos definidos e indefinidos singular, pesquisados no CRPC (o valor indicado é calculado com base no número de ocorrências por cada milhão de palavras). Estes dados permitem observar que a frequência de ocorrência da preposição *de* + definido é muito maior do que a das restantes combinações. Seria

---

37. Sândi é o nome dado a fenômenos fonológicos desencadeados por um contexto de fronteira de morfema ou de fronteira de palavra. O primeiro tipo, que ocorre no interior de uma palavra, chama-se sândi interno: no Português, o prefixo *in-*, p. ex., é realizado diferentemente em função das características fonéticas da base a que se associa (cf. *incapaz, inacabado, irreal, inenarrável*). O segundo tipo, que ocorre entre palavras, chama-se sândi externo e está exemplificado em (28).

possível pensar que a frequência é determinante, mas a preponderância das formas contraídas também se verifica com preposições menos frequentes, correspondendo a forma não contraída a cerca de 1% em todos os casos. Todos menos o da contração do indefinido com *de*, em que os resultados se invertem, na mesma proporção:

(29)

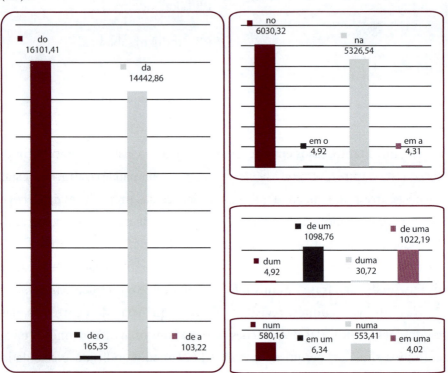

O que está na origem deste comportamento "atípico" da contração *de* + *um* ou *de* + *uma* é pouco evidente. É possível que o estatuto lexical das formas contraídas não seja sempre o mesmo das suas ocorrências isoladas. As que ocorrem sempre contraídas ou as que só não ocorrem contraídas em condições claramente definidas são muito provavelmente palavras. As restantes são "locuções" que a grafia permite juntar ou separar à medida da preferência (eufônica, ou outra) dos falantes.

O estatuto e a grafia destas formas são, de há muito, discutidos e ensaiados. Formas como *desde*, em que a consciência de amálgama está perdida, não suscitam qualquer reação, mas nem todos os casos estão pacificados na ortografia do Português. No *Verdadeiro método de estudar* (1746), Luís António Verney experimentou "contrações" que não viriam a subsistir: *cadauma, paraque, contudoiso, paratraz, daqual, poisque, doque, quarentamil, mapamundo, vistoque*. Estariam erradas? *Poisque* lembra a conjunção *puisque*, do Francês, que se escreve sem intervalo e sem estranheza, e outras "locuções" do Português, como *enfim / em fim* ou *porque / por que*. Estas são ainda mais delicadas, dado que a sua grafia depende da análise sintática: pode tratar-se de uma única palavra (proveniente de duas) ou de duas que se mantêm autônomas:

(30)   a.   *Soubemos **enfim**$_{ADV}$ (= finalmente) que vamos viajar amanhã.*
   ***Em**$_{PREP}$ **fim**$_S$ de festa não se abrem mais garrafas de champanhe.*

   b.   *A juventude às vezes erra **porque**$_{CONJ}$ é muito ansiosa.*
   *Percebi logo a razão **por que**$_{PRONREL}$ riam.*
   ***Por que**$_{PRONINT}$ não voltaram logo?*

Um outro exemplo de problemas com a definição de palavra ortográfica é o que diz respeito ao uso do hífen. O estatuto deste diacrítico alterna entre a junção de elementos que não são uma unidade e a separação de elementos que pertencem a uma única palavra, mas que razões de natureza gráfico-fonética impedem de grafar sem interrupções. Esta ambivalência não facilita o seu uso, havendo diversas incongruências sancionadas pela norma:

(i)   A ocorrência de hífen na junção de pronomes clíticos aos verbos que os hospedam (mesoclíticos, como em *dir-lhe-ei*, raramente usados, e enclíticos, como em *digo-lhe*) não é sentida como necessária quando estas formas ocorrem em posição proclítica (e.g. *lhe disse*) – a presença ou ausência do hífen não têm consequências fonéticas, trata-se de uma convenção ortográfica – a que venceu de entre várias outras possíveis[38].

(ii) Os determinantes definidos, na forma do singular (i.e. *o, a*) são também formas clíticas, mas, no Português, são sempre grafados como formas autônomas[39]. E, no entanto, a sua realização fonética é muitas vezes inexistente (cf. *a água, o urso*). Note-se que muitas palavras do Português integram determinantes que se tornaram homorgânicos, como numa grande percentagem dos arabismos antigos (cf. Ar. *as-sukkar* > Pt. *açúcar* vs. Ar. *sukkar* > Fr. *sucre*).

(iii) A ocorrência de um hífen entre prefixos e bases é igualmente problemática: o hífen é preservado, na atual norma ortográfica, quando a sua supressão poria em contato duas vogais idênticas (cf. *contra-ataque*), embora haja palavras que contêm sequências de vogais idênticas (cf. *graal, leem, vadiice, voo, continuum*) e a preservação do hífen não impede a assimilação das duas vogais (cf. ['kõtra'take]). O hífen também é preservado na adjunção de prefixos graficamente acentuados (cf. *pré-adolescência* e *pós-doutorado*). A esta luz, é difícil entender a grafia oficial de palavras

---

38. Frei Luís do Monte Carmelo publicou, em 1767, um *Compêndio de Orthografia* em que defende e pratica que os clíticos antepostos ao verbo devem preceder a mesma união que os precede em posição pós-verbal:

> Os Verbos para maior clareza costumam unîr-se aos Pronomes, Recîprocos, &c. com este sinal – como v.g. Mandou-as, Estîma-o, [...], Pêza-me, [...] Quando se antepõem estas Particulas, tambem alguns Orthógrafos usam da mesma Uniam, como v.g. [...] As-mandou, O-estîma, [...] Me-pêza, [...] Eu uso desta Orthografia; porque nam ha maior motivo, paraque se-sigam aquellas Particulas unîdas aos Verbos antecedentes, e nam aos subsequentes (p. 461).

Em Verney, que apreciava o uso do hífen, a grafia destas sequências é mais oscilante: há espaço em branco entre o pronome tónico e o verbo (e.g. *eu tome*), mas esse espaço desaparece com os pronomes átonos (e.g. *buscálo*); se não há interferências fonéticas, usa hífen (*me-dá*), se há, justapõe o pronome à forma do verbo (*ensinar-lhe*).

39. No Romeno, os determinantes, que são pós-nominais, são grafados sem intervalo gráfico:

studentul   o aluno
profesorul   o professor

como *preestabelecer* ou *preexistência*, que violam dois preceitos da norma ortográfica: a vogal final do prefixo é idêntica à vogal inicial da palavra à qual se associa **e** o prefixo é tônico, embora o seu acento gráfico tenha, por razões desconhecidas, desaparecido.

Em suma, a materialização dos enunciados linguísticos, quer na sua realização fonética, quer no registro gráfico, permite encontrar pistas para a identificação de unidades de algum modo "primitivas". No contínuo sonoro, as unidades prosódicas definidas pela posição ocupada pelas sílabas mais proeminentes, as sílabas tônicas, dão origem a um tipo de segmentação dos enunciados. No registro ortográfico, são os espaços em branco os que melhor servem para levar a cabo a segmentação das frases. Tanto um quanto o outro destes critérios têm cumprido, no essencial, a sua função, mas há, como vimos, problemas. Cabe ao pensamento metalinguístico procurar resolvê-los e para isso precisamos encontrar instrumentos e métodos adequados, o que procuraremos fazer no capítulo seguinte.

RESUMO DO CAPÍTULO

Neste capítulo procuramos mostrar que léxico é um conceito complexo e que o seu estudo permite diversas abordagens. Pode privilegiar-se a sua dimensão de partilha no seio de uma comunidade de falantes. Neste domínio apresentamos uma caracterização histórica do léxico do Português e uma reflexão sobre as especificidades das suas variedades brasileira e portuguesa.

Pode, em alternativa, prestar-se atenção à dimensão individual e idiossincrática do léxico, que corresponde ao conhecimento que cada falante possui sobre a matéria lexical que usa, quer na produção, quer na compreensão de enunciados linguísticos.

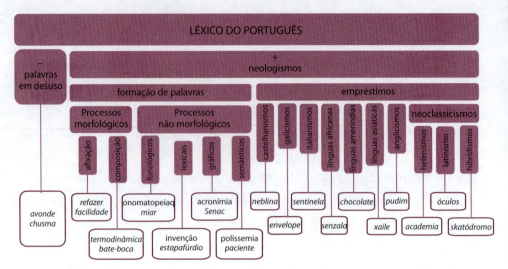

Pode ainda estudar-se o léxico enquanto componente de um modelo de gramática, o que implica discutir, por um lado, o lugar que ocupa nessa arquitetura e como se relaciona com os restantes componentes, e, por outro, a natureza das unidades lexicais, como elas se caracterizam e como se organizam.

Ainda que todas essas dimensões sejam diferenciáveis e autonomizáveis, importa também compreender que todas elas estão relacionadas, dado que o léxico de uma língua corresponde a um somatório abstrato do léxico dos falantes dessa língua e que o propósito da modelização do léxico da gramática é o de obter uma representação do conhecimento individual dos falantes e coletivo das comunidades linguísticas.

SUGESTÕES DE LEITURA

Os conceitos de língua e dialeto são discutidos em Raposo (1984) tendo como referência particular o Português.

1. Sobre o Português

O que é a língua portuguesa? [Disponível em http://cvc.institutocamoes.pt/hlp/brevesum/onde.html]

Onde se fala a língua portuguesa? [Disponível em http://cvc.institutocamoes.pt/hlp/brevesum/onde.html]

Por que se fala português em tanto mundo? [Disponível em http://cvc.instituto-camoes.pt/hlp/brevesum/porque.html]

Periodização (algumas propostas) e Cronologia da história do português [Disponível em http://cvc.instituto-camoes.pt/hlp/brevesum/quando.html]

Unidade e diversidade da língua portuguesa [Disponível em http://cvc.instituto-camoes.pt/hlp/forum/index.html]

A caracterização do léxico mental é objeto de uma referência clássica (cf. AITCHINSON, 1987)[40]), cuja leitura é ainda hoje indispensável. O capítulo dedicado às palavras no texto de Pinker (1994) tal como o capítulo sobre léxico mental em Altmann (1997) são igualmente leituras interessantes.

No domínio dos estudos sobre aquisição do léxico há duas referências centrais. A primeira é Clark (1993), que defende a centralidade do léxico no processo de aquisição da linguagem; a segunda é uma coleção de pesquisas sobre a aquisição do léxico, efetuadas em diferentes domínios do conhecimento, como a linguística, a psicolinguística e a linguística computacional (cf. GLEITMAN & LANDAU, 1994).

A discussão teórica sobre léxico pode ser conduzida sob perspectivas muito díspares. A coletânea organizada por Wunderlich (2006) e, particularmente, o capítulo de M. Neef e H. Vater, intitulado "Concepts of the lexicon in theoretical linguistics", oferecem informação atualizada sobre o estado da arte neste domínio.

2. Sobre história do léxico

A síntese mais completa sobre a história interna da língua portuguesa encontra-se em Castro (2004), e inclui propostas de periodização e uma descrição da história externa do Português no espaço extraeuropeu. Como texto de iniciação à história dos substratos e superestratos, continua a ser proveitosa a leitura do clássico Piel (1976).

---

40. A edição mais recente é de 2012.

3. Sobre empréstimos lexicais

Sobre empréstimos e o método de análise etimológica numa abordagem interlinguística, Viaro (2010: 265-290) oferece uma síntese com exemplos pertinentes para a análise do Português. Para uma perspectiva alargada das relações entre o léxico das línguas românicas, veja-se Alkire e Rosen (2010), com secções dedicadas ao Português, Castelhano, Francês e Italiano.

4. Sobre a comparação das variantes lexicais existentes entre o PB e o PE
MATTOS E SILVA, R.V. (s.d.). O Português Brasileiro [Disponível em http://cvc.instituto-camoes.pt/hlp/hlpbrasil/index.html].

Capítulo II

Palavras e unidades lexicais

Habitualmente, o conceito de unidade lexical não é distinto do conceito de palavra. Trata-se de um equívoco que, em boa parte, é promovido pela diversidade das descrições lexicais de natureza formal que estão disponíveis. Esclarecer essa questão significa tomar posição, quer quanto ao que se pretende abranger ao falar de palavra, quer quanto ao que se entende ser uma unidade lexical. Palavra é o rótulo mais simples de usar, mas nem a definição deste conceito é fácil de estabelecer nem há razões que motivem a aceitação imediata de que palavras e unidades lexicais são termos equivalentes. Comecemos por refletir sobre o que, neste contexto de análise do léxico enquanto componente da gramática, pode significar o termo palavra.

Será palavra aqui equivalente a lema, ou a lexema, ou a radical, forma de citação ou forma flexionada, para referir apenas as possibilidades mais evidentes? A posição que defenderemos é a de que cada domínio da análise linguística tem um diferente entendimento do que é uma palavra. O termo usado para identificar essas unidades pode ser sempre o mesmo, porque se trata de uma visão particular de uma mesma entidade, que é multifacetada, mas também pode haver diferentes designações. É essa a posição que adotamos neste livro, falando de palavras fonológicas, palavras morfológicas, lexemas e operadores gramaticais e de átomos sintáticos, quando queremos referir as palavras da fonologia, da morfologia, da semântica e da sintaxe, respectivamente.

No léxico, todas essas dimensões das palavras são igualmente relevantes: enquanto unidades lexicais, as palavras são paradigmas (identificados por um lema), ou seja, são conjuntos de formas portadoras de informações fonológicas, morfológicas, sintáticas e semânticas e ainda de outras informações de vária ordem, como, por exemplo, a etimologia. Conhecer uma palavra significa conhecer todo o conjunto de informações que ela comporta e que a constitui, sendo este um conhecimento abstrato e potencial. Só no uso se podem registrar e medir ocorrências das formas das palavras.

Ainda que, no léxico, palavra tenha esta dimensão englobante, veremos que o léxico não inclui apenas unidades desse tipo. Para além das palavras, consideraremos como unidades lexicais todos os seus constituintes (i.e. radicais e afixos) e todas as sequências de palavras que razões de natureza semântica ou formal impeçam de receber uma interpretação composicional.

As seções que constituem este capítulo são dedicadas à descrição desses diversos tipos de unidades lexicais, embora o nosso olhar se detenha, com maior cuidado, na observação dos elementos que ocorrem como partes das palavras. Essa descrição não corresponde ao que possa ser o conhecimento típico dos falantes do Português, mas sim a um enunciado de possibilidades de descrição maximamente exercidas, no que diz respeito a propriedades idiossincráticas, ou seja, a traços comportamentais particulares, de natureza diversa (fonológica, morfológica, sintática, semântica, pragmática etc. e morfofonológica, morfossintática, morfossemântica etc.), constitutivos de cada uma das unidades do léxico. Essa descrição procura encontrar um modelo formalizado de especificação das unidades lexicais, que faz uso de um sistema de codificação por traços, numa notação binária.

Quando a lexicalização afeta palavras complexas, ela as transforma em palavras simples. Essa é uma matéria que suscita uma discussão acerca do conceito de gramaticalidade na sua aplicação às palavras.

1 CONCEITOS DE PALAVRA(S)

No final do capítulo anterior discutimos alguns problemas de segmentação do contínuo sonoro, que é a face visível de todos os enunciados linguísticos e, portanto, também das palavras, concluindo que a informação de natureza fonética e fonológica não basta para obter êxito nessa operação. Na verdade, a segmentação do contínuo sonoro faz uso de pistas linguísticas de diversa natureza: uma é a identificação das sílabas mais proeminentes, que é fundamental para a localização de fronteiras prosódicas entre as unidades a que se pode dar o nome de **palavras fonológicas**; por outro lado, da capacidade de estabelecer nexos semânticos para diferentes segmentos do contínuo sonoro depende a interpretação global do enunciado – a essas unidades dá-se o nome de **lexemas**, se são detentores de um significado, e de **operadores gramaticais**, se atuam sobre os lexemas; mas também é necessário considerar propriedades formais relativas à natureza das estruturas sintáticas (a ordem de palavras, p. ex.) e o reconhecimento de propriedades lexicais, como as categorias a que as unidades encontradas pertencem – as unidades a que a sintaxe chama palavra podem também ser chamadas **átomos sintáticos**. Pode ainda haver desencontro entre o que a morfologia considera ser uma palavra e o que é palavra para a sintaxe. É o que sucede, por exemplo, no caso das contrações, vistas agora pelo lado da sua realização fonética e não da sua grafia – *neste*, que é uma contração, é uma única **palavra morfológica**, mas para a análise sintática são duas palavras (*em* + *este*); é o que sucede também no caso de alguns compostos, embora o desencontro possa estar invertido: *escola-modelo*, por exemplo, é uma única palavra na sintaxe, mas contém duas palavras morfológicas.

Cabe à fonologia (e à prosódia), à morfologia, à sintaxe e à semântica definir o que, no seu domínio de análise, é uma palavra, mas é claro que a segmentação obtida por cada um deles não produz resultados totalmente idênticos ao do outro e daí decorre também que os segmentos encontrados serão proporcionalmente distintos. Essa é, provavelmente, a razão pela qual todos são necessários: se palavra for o nome dado a todas as unidades obtidas por diferentes critérios de segmentação, percebe-se por que razão palavra é o nome dado a diferentes realidades.

Como corolário dessa discussão, coloca-se a questão de saber qual (ou quais) desses tipos de palavras é (são) relevante(s) no domínio dos estudos do léxico. E é bem possível que a melhor resposta seja a de que, para o léxico, todas as dimensões das palavras são igualmente relevantes: conhecer uma palavra significa conhecer todo o conjunto de informações que ela comporta e que a constitui, sendo este um conhecimento abstrato e potencial. No léxico, as palavras são possibilidade e não uso; são conjuntos de formas e não a escolha de uma delas.

Detenhamo-nos um pouco mais na reflexão sobre essa oposição. A distinção ontológica que se pode estabelecer entre um conceito abstrato e a sua instanciação particular faz frequentemente uso dos termos TIPO e "TOKEN"[41]. À luz do que atrás ficou dito, pode-se pensar que, no léxico, as palavras são "tipos" e, na interação verbal, as palavras são "tokens", mas a questão é um pouco mais complexa e talvez haja termos mais apropriados do que esses. Enquanto unidades lexicais, as palavras são entidades abstratas de um ponto de vista semântico, aquele que permite a sua associação a um conceito, mas também são abstratas de um ponto de vista fonético, morfológico e sintático: enquanto unidades lexicais, elas estão associadas a diversas possibilidades de realização fonética, de variação morfológica, de função sintática e de significação. Pode-se, então, aceitar que as palavras que são unidades lexicais correspondem a um somatório de possibilidades, que, entre outras informações, inclui uma representação fonológica, as diversas formas de variação morfossintática e uma descrição semântica que cubra todas as suas possibilidades de significação. Esse conjunto de possi-

---

41. A distinção entre tipos e "tokens" foi estabelecida no âmbito da Teoria dos Signos (cf. C.S. Peirce (1931-1958, sec. 4.537). In: HARTSHORNE; WEISS & BURKS (orgs.) (1998)) e é usada em diversos domínios, como a filosofia, a semiótica e a linguística. Para uma discussão no domínio da linguística, veja-se Hutton (1990).

bilidades, que vê as palavras como **paradigmas lexicais**, precisa ser identificado por uma forma escolhida para representá-lo, a qual chamamos **forma de citação** ou **lema**. No Português, a forma consagrada para representar os verbos é a do infinitivo não flexionado e a que representa substantivos e adjetivos é a do singular (e a do masculino, quando há variação de gênero). São também essas as formas que encontramos na nomenclatura da maior parte dos dicionários[42].

Na sua dimensão lexical, as palavras são, pois, paradigmas que incluem todas as suas diferentes formas de variação morfossintática e que são representados por um lema. À operação de identificação do lema correspondente a várias formas distintas (como é, *são* e *foi* enquanto formas do verbo identificado pelo lema *ser*) dá-se o nome de **lematização**. Esse é um processo que depende da capacidade de reconhecimento de uma palavra a partir de formas distintas e que também depende da identificação de formas ambíguas. A **ambiguidade lexical** afeta uma ou mais dimensões da palavra, podendo verificar-se apenas no que diz respeito à sua realização fonética, situação que é facilmente resolvida tendo em conta o contexto de ocorrência (e.g. "*canto* da sala" vs. "eu *canto* muito mal"), ou pode também comprometer a interpretação, por exemplo, situação que o contexto sintático estrito pode não conseguir resolver (e.g. "tenho de ir ao dentista por causa deste dente que *partiu* hoje de tarde" vs. "tenho de falar com o meu filho que *partiu* hoje de tarde).

Outra distinção é a que se pode estabelecer entre um lema e as **ocorrências** das distintas formas que realizam esse lema. Essa distinção é importante para aferir frequências de uso, dado que a contagem de diferentes lemas pode ser muito distinta da contagem de diferentes formas do mesmo lema e uma dessas formas pode ser muito mais prevalente do que todas as

---

42. Sobre este assunto, veja-se o último capítulo deste livro: IV. Lexicografia e descrição do léxico.

outras. Consideremos, por exemplo o seguinte texto de Millôr Fernandes, intitulado O Rei dos Animais[43]:

(1) *Saiu o leão a fazer sua pesquisa estatística, para verificar se ainda era o Rei das Selvas. Os tempos tinham mudado muito, as condições do progresso alterado a psicologia e os métodos de combate das feras, as relações de respeito entre os animais já não eram as mesmas, de modo que seria bom indagar. Não que restasse ao Leão qualquer dúvida quanto à sua realeza. Mas assegurar-se é uma das constantes do espírito humano e, por extensão, do espírito animal. Ouvir da boca dos outros a consagração do nosso valor, saber o sabido, quando ele nos é favorável, eis um prazer dos deuses. Assim o Leão encontrou o Macaco e perguntou: "Hei, você aí, Macaco - quem é o rei dos animais?" O Macaco, surpreendido pelo rugir indagatório, deu um salto de pavor e, quando respondeu, já estava no mais alto galho da mais alta árvore da floresta: "Claro que é você, Leão, claro que é você!"*

Satisfeito, o Leão continuou pela floresta e perguntou ao papagaio: "Currupaco, papagaio. Quem é, segundo seu conceito, o Senhor da Floresta, não é o Leão?" E como aos papagaios não é dado o dom de improvisar, mas apenas o de repetir, lá repetiu o papagaio: "Currupaco... não é o Leão? Não é o Leão? Currupaco, não é o Leão?"

Cheio de si, prosseguiu o Leão pela floresta em busca de novas afirmações de sua personalidade. Encontrou a coruja e perguntou: "Coruja, não sou eu o maioral da mata?" "Sim, és tu", disse a coruja. Mas disse de sábia, não de crente. E lá se foi o Leão, mais firme no passo, mais alto de cabeça. Encontrou o tigre. "Tigre – disse em voz de estentor – eu sou o rei da floresta. Certo?" O tigre rugiu, hesitou, tentou não responder, mas sentiu o barulho do olhar do Leão fixo em si, e disse,

---

43. Este texto integra o livro *Fábulas fabulosas*, editado em 1964, no Rio de Janeiro, por José Álvaro.

rugindo contrafeito: "Sim". E rugiu ainda mais mal-humorado e já arrependido, quando o Leão se afastou.

Três quilômetros adiante, numa grande clareira, o Leão encontrou o elefante. Perguntou: "Elefante, quem manda na floresta, quem é rei, imperador, presidente da República, dono e senhor de árvores e de seres, dentro da mata?" O elefante pegou-o pela tromba, deu três voltas com ele pelo ar, atirou-o contra o tronco de uma árvore e desapareceu floresta adentro. O Leão caiu no chão, tonto e ensanguentado, levantou-se lambendo uma das patas, e murmurou: "Que diabo, só porque não sabia a resposta não era preciso ficar tão zangado".

Moral: cada um tira dos acontecimentos a conclusão que bem entende.

Nesse texto, há várias palavras que têm diversas ocorrências. Vejamos alguns exemplos:
- o substantivo **papagaio** ocorre quatro vezes: três na forma do singular (i.e. **papagaio**) e uma na forma do plural (i.e. **papagaios**);
- o adjetivo **alto** ocorre três vezes: duas na forma do masculino singular (i.e. **alto**) e uma na forma do feminino singular (i.e. **alta**);
- por último, o verbo **ser**, que tem dezenove ocorrências: doze na forma da terceira pessoa do singular do presente do indicativo (i.e. **é**), duas na forma de primeira pessoa do singular do presente do indicativo (i.e. **sou**), duas na forma da terceira pessoa do singular do pretérito imperfeito do indicativo (i.e. **era**) e uma ocorrência na forma da segunda pessoa do singular do presente do indicativo (i.e. **és**) e na terceira pessoa do plural do pretérito imperfeito do indicativo (i.e. **eram**)[44].

---

44. Há uma ocorrência da forma *seres*, que corresponde ao plural do substantivo *ser*, e uma ocorrência de *foi*, que é uma forma do verbo *ir*. Esses dois casos mostram que a lematização e o registo da frequência das palavras tem de ser analisado a partir do contexto em que ocorrem.

Palavra Paradigma lexical	sou	fui	era	fora	serei	ser sendo sido
	és	foste	eras	foras	serás	
	é	foi	era	fora	será	
	somos	fomos	éramos	fôramos	seremos	
	sois	fostes	éreis	fôreis	sereis	
	são	foram	eram	foram	serão	
	seja	fosse	for	ser	seria	
	sejas	fosses	fores	seres	serias	
	seja	fosse	for	ser	seria	
	sejamos	fôssemos	formos	sermos	seríamos	
	sejais	fôsseis	fordes	serdes	seríeis	
	sejam	fossem	forem	serem	seriam	
Lema (tipo)	SER					
Formas da palavra que ocorrem no *corpus* ("token")	*sou* – 2 ocorrências *és* – 1 ocorrência *é* – 12 ocorrências *era* – 2 ocorrências *eram* – 1 ocorrência					

Tabela 1

Pode, então, concluir-se que as palavras, enquanto unidades lexicais, são paradigmas lexicais, formados por todas as suas formas de variação morfossintática e identificados por um lema. No uso, registram-se ocorrências das formas das palavras, as únicas que são atestáveis e mensuráveis.

Outra questão relevante quanto ao uso das palavras é a que diz respeito à sua existência. Trata-se, de algum modo, de uma falsa questão: só é possível saber se uma palavra existe se houver atestações dessa palavra e essas atestações podem ter proveniências muito distintas. As palavras existem se são, ou foram, usadas pelos falantes. Esse universo não cabe, até hoje, em nenhum registro conhecido.

Considerar que as palavras existem só porque estão registradas num dado dicionário é como admitir que todas as palavras que estão registradas nos dicionários são palavras que existem. Nenhuma destas asserções é verdadeira: os dicionários incluem um conjunto de palavras por escolha dos seus autores, em função de opções editoriais ou de condicionalismos morais ou éticos ou do mero gosto pessoal – nenhum dicionário registra a totalidade das palavras de uma língua. Por outro lado, ao folhear as páginas de um dicionário facilmente se compreende que muitas delas são perfeitas desconhecidas. Será que são conhecidas para alguém? Há um preconceito generalizado sobre a valia dos dicionários que aumenta com o crescimento do número de entradas. Esta ilusão produziu, nos dois últimos séculos de atividade editorial, objetos dicionarísticos com uma extensão cada vez maior. Só que esse incremento é conseguido muito frequentemente à custa de palavras derivadas, cuja presença no dicionário é perfeitamente dispensável, ou de palavras provenientes de terminologias de uso restrito, também desnecessárias num dicionário de uso geral.

Fiquemos, então, com uma visão minimalista sobre a existência das palavras que é a que a faz depender de ocorrências de uso e que torna o conceito de palavra mais relevante[45]. Os dicionários são, sem dúvida, uma fonte de atestação das palavras, apesar de todas as restrições já enunciadas, e este é o recurso mais útil para o uso geral dos falantes. No domínio da investigação, os dicionários são imprescindíveis, mas há outras possibilidades, como os *corpora* lexicais e textuais, que começam a estar disponíveis para consulta pública, e há também as pesquisas na internet. Há precauções a tomar em todos estes casos. A consulta de *corpora* exige o conhecimento do tipo de textos usados na sua constituição: consultar um *corpus* de léxico proveniente de texto literário produzido no século XIX não é o mesmo que

---

45. A ocorrência de uma palavra aferida a partir do seu uso depende da presença dessa palavra numa fonte. São fontes aceitáveis os documentos escritos, públicos ou publicáveis, bem como registros de oralidade. É a datação dos registros que permite datar a ocorrência das palavras. Assim, deve compreender-se que a indicação sobre a primeira atestação de uma palavra é uma indicação aproximativa, que depende do estado de conhecimento sobre o léxico. O conceito de abonação implica o reconhecimento de um uso socialmente valorizado, geralmente literário.

consultar um *corpus* de texto jornalístico do início do século XXI. Talvez um dia seja possível consultar um *corpus* formado por todos os *corpora* imagináveis e pesquisável a partir de um requintadíssimo instrumentário de busca. Para já não é.

Resta a pesquisa na internet, que, por ironia, é uma espécie de pesquisa sem rede. Uma palavra digitada na linha de comando de um motor de busca arrisca-se a obter sempre algum resultado, mesmo que esteja "mal-escrita" ou que tenha acabado de ser "inventada". Essas pesquisas obrigam a repensar o critério de atestação das palavras e a consideração de qualquer fonte como fiável. A internet pode ser utilizada, mas há que triar os resultados obtidos, controlando as variantes gráficas e tendo em conta índices de ocorrência abaixo de um limiar tido como diferenciador do que possa ser uma palavra partilhada por uma comunidade de falantes de um logátomo[46] ou um *hapax legomenon*[47], epifenômenos sem relevância estatística.

Vejamos, por último, que, ainda que ambos forneçam informações relevantes, nem o conceito de **palavra existente** nem o de **palavra atestada**, que acabamos de caracterizar, parecem ser os mais adequados quando pretendemos descrever o léxico dos falantes e, consequentemente, também o léxico da gramática. Resta o conceito de **palavra possível**, conceito que foi introduzido por Aronoff (1976) e que, recobrindo todas as potenciais ocorrências das palavras atestadas, acolhe também palavras que estão disponíveis para eventual uso dos falantes, por recurso a processos morfológicos de formação de palavras. Vejamos, por exemplo, o caso de *imaginabilidade*. Essa palavra não faz parte da nomenclatura de um dicionário como o Houaiss, mas são muitas as atestações online e o conhecimento que os falantes possuem acerca do sufixo – *idade* e do que como ele opera sobre bases adjetivais, como *imaginabil* (que os falantes sabem ser um alomorfe de *imaginável*). É quanto basta para que a palavra possa ser produzida e compreendida.

---

46. Um logátomo é uma palavra artificial que tem a configuração de uma palavra aceitável no léxico de uma dada língua.
47. Um *hapax legomenon* é uma palavra que ocorre uma única vez num determinado contexto, num determinado *corpus*.

Em suma, é importante compreender que o termo palavra pode ser associado a conceitos parcialmente distintos. Neste livro, palavra é um termo que identifica um dos tipos de unidades lexicais, a par dos constituintes das palavras e das sequências de palavras lexicalizadas, de que trataremos em seguida.

2 PARTES DAS PALAVRAS

A postulação de que o léxico é o lugar onde estão presentes todos os paradigmas lexicais que incluem palavras atestadas e palavras não atestadas, mas possíveis, em todas as suas formas de uso, traz como consequência a necessidade de admitir o registo lexical de todos os constituintes das palavras, ou seja, de todos os radicais e de todos os afixos. Nas línguas que têm palavras com uma estrutura concatenativa, como é o caso do Português, o conhecimento das partes que as constituem cumpre uma dupla função: por um lado, viabiliza a formação de palavras e, por outro, facilita a compreensão das palavras complexas.

A identificação das partes das palavras é um processo que se assenta na sua segmentação por comparação entre palavras morfologicamente relacionadas, ou seja, palavras entre as quais a existência de um nexo semântico está indissociavelmente ligada à existência de um vínculo formal. Consideremos o seguinte conjunto de dados:

(2) *escola*   =   *escol*   *a*
     escolas   =   *escol*   *a*   *s*
     escolar   =   *escol*   *ar*
     escolinha =   *escol*   *inh*   *a*   *(s)*
     pré-escola =   *pré*   *escol*   *a*

A comparação entre essas formas, assegurada a sua relação morfossemântica[48], permite identificar um segmento comum a todas elas (*escol* no

---

48. Todas as formas envolvidas estão relacionadas morfológica e semanticamente.

exemplo 2), que é responsável pela ligação dessa forma a um universo de referência, ou seja, pelo significado básico da palavra – uma metáfora ancestral associa-o a uma raiz e é daí que vem o seu nome técnico – RADICAL[49] (a caracterização das propriedades dos radicais é apresentada em 2.1.). Nessa lista (2), as duas primeiras ocorrências do radical *escol-* (cf. *escola* e *escolas*) correspondem à sua realização como **palavras simples**: para além do radical, estão presentes sequências que o especificam formalmente, enquanto substantivos de tema em *-a* (que é um índice temático), e morfossintaticamente, enquanto forma do singular ou do plural (estando ausente ou presente o sufixo de flexão *-s*). O índice temático e o sufixo de flexão são **sufixos especificadores** (este tipo de sufixos é descrito em 2.5).

(3)   [[[X]$_{RADICAL}$ [Y]$_{ESPECIFICADOR\ TEMÁTICO}$]$_{TEMA}$ [Y]$_{ESPECIFICADOR\ MORFOSSINTÁTICO}$]$_{PALAVRA}$
[[[*escol*]$_{RADICAL}$ [*a*]]$_{TEMA}$ [*s*]]$_{PALAVRA}$

No caso seguinte (i.e. *escolar*), ao radical *escol-* segue-se um sufixo (i.e. *-ar*), que é responsável pela formação de uma **palavra complexa**. Nesse caso, trata-se da formação de um adjetivo, por recurso a um padrão que se repete em muitas outras palavras (cf. 4). Esses sufixos, habitualmente chamados **sufixos derivacionais**, são predicadores morfológicos (a sua caracterização é apresentada em 2.3).

(4)   *aliment*   *ar*
        complement   *ar*
        disciplin   *ar*
        epistol   *ar*
        famili   *ar*

---

49. O termo *raiz* foi usado nos exercícios de reconstrução do léxico do Indo-europeu. Reservamos esse termo para essa acepção e usamos o termo *radical* para identificar o constituinte nuclear das estruturas simples.

Os dois últimos exemplos (i.e. *escolinha* e *pré-escolar*), que também são palavras complexas, incluem **afixos modificadores** (estes afixos serão descritos em 2.4), respectivamente um sufixo (*-inh*) e um prefixo (*pré-*). Também nestes casos se encontram muitas outras palavras nas quais os mesmos afixos ocorrem:

(5)

bal	*inh*	*a*	*pré*	*aviso*
cas	*inh*	*a*	*pré*	*coma*
gat	*inh*	*a*	*pré*	*inscrição*
mal	*inh*	*a*	*pré*	*história*
pern	*inh*	*a*	*pré*	*parto*

É este método de comparação e substituição das unidades constituintes das palavras que permite segmentá-las e identificar as suas propriedades. Como vimos, no Português, há dois tipos básicos de constituintes das palavras – são os **radicais** e os **afixos**. A distinção é habitualmente traçada a partir da sua disposição linear: os radicais ocupam uma posição central, as unidades que os precedem são prefixos, as que se sucedem são sufixos[50]. No entanto, para além dessa caracterização posicional dos constituintes das palavras, é possível recorrer a um outro tipo de critério que contribui para a compreensão da sua natureza. Trata-se da caracterização funcional dessas unidades.

À semelhança do que se passa com as estruturas frásicas, também nas estruturas morfológicas os constituintes desempenham uma função gramatical, nomeadamente **núcleo**, **complemento**, **modificador** ou **especificador**. Estas funções, estabelecidas com base em Williams (1981), Lieber (1992) e Villalva (2000 e 2008), podem ser caracterizadas da seguinte forma:

---

50. As tipologias de afixos referem também habitualmente unidades que ocupam uma posição interna ao radical e afixos que circundam o radical. Os primeiros recebem o nome de infixos e os últimos são chamados circunfixos. Não há, no Português, ocorrências indiscutíveis destes tipos de afixos.

(6) Núcleo – constituinte que determina as propriedades da palavra, inscritas na sua assinatura categorial[51]. Trata-se de um predicador, que pode selecionar um complemento (predicador transitivo), como, por exemplo, os sufixos derivacionais (cf. *livr_ar_ia*), ou não selecionar qualquer complemento (predicador intransitivo), como os radicais das palavras simples (cf. *livro*).

Complemento – constituinte selecionado por um predicador transitivo. São complementos os radicais (cf. *livr_ar_ia*), temas (cf. *continua_ção*) ou palavras (cf. *invariavel_mente*) selecionados pelos sufixos derivacionais.

Modificador – constituinte que não é núcleo, nem complemento, nem especificador – são adjuntos que operam apenas semanticamente. São modificadores os prefixos (cf. *re_ler*) e os sufixos avaliativos[52] (cf. *livr_inho*).

Especificador – constituinte que preenche informação solicitada pela assinatura categorial da palavra e que não é satisfeita pela informação que vem do núcleo. São especificadores os constituintes temáticos (cf. *começ_a_r*, *livr_o*) e os sufixos de flexão (cf. *começar*, *livro_s*), para além da vogal de ligação.

---

51. O conceito de assinatura categorial, proposto em Lieber (1992: 88), é discutido no final deste capítulo.

52. Todos os sufixos avaliativos são sufixos modificadores, ou seja, a sua adjunção a uma base provoca uma modificação semântica, mas não afeta as suas propriedades gramaticais. A modificação semântica a cargo desses sufixos pode ser caracterizada como a expressão de uma avaliação da forma de base. Essa avaliação pode estar relacionada com a dimensão física (falamos nesse caso de sufixos diminutivos ou aumentativos), com a emissão de um juízo de valor (nesse caso, falamos de sufixos valorativos e pejorativos ou depreciativos), mas a gama de valores semânticos disponíveis é muito maior e muito dependente do contexto de uso das palavras que comportam esses sufixos.

É a consideração desse tipo de informação que permite estabelecer as classes de radicais e as classes de afixos que serão seguidamente descritas.

2.1 Radicais

Radical é o nome que identifica o tipo de constituintes morfológicos, que, de forma mais ou menos intuitiva, se considera estar na base das palavras. Mas como se define essa categoria? E como se pode caracterizá-la? A observação dos dados do Português permite constatar que os radicais ocorrem em palavras simples (cf. 7a) e em palavras complexas (cf. 7b), mas, nesse caso, é necessário distinguir os radicais que tanto podem ocorrer em palavras simples quanto em palavras complexas dos radicais que só podem ocorrer em palavras complexas (cf. 7c). Os primeiros são os chamados **radicais livres**, os últimos são conhecidos como **radicais presos**:

(7)   a. *livro*
        b. *livraria*
        c. *bíblico*
           bibliofilia

Os radicais têm propriedades inerentes e idiossincráticas, reconhecíveis a partir das palavras em que ocorrem. Assim, aos radicais que ocorrem em palavras simples pode-se atribuir a categoria sintática dessas palavras simples. Por exemplo, *livr-* é um radical substantival porque *livro* é um substantivo[53]:

(8)   Radicais substantivais (= RS): *livr*]$_{RS}$ *o*]$_S$
         Radicais adjetivais (= RADJ): *clar*]$_{RADJ}$ *o*]$_{ADJ}$

---

53. Usamos a etiqueta "substantivo" para referir as palavras que, na tradição mais recente, têm sido designadas como *nomes*. Guardamos a etiqueta "nome" para referir, conjuntamente, substantivos e adjetivos. A justificação é apresentada em III.1.

Radicais verbais (=RV): $estud]_{RV}\ ar]_V$
Radicais adverbiais (=RADV): $pert]_{RADV}\ o]_{ADV}$

Nem todos os casos são, porém, de fácil resolução. Os dados de (9) colocam um problema de adequação descritiva: há conjuntos de palavras simples que são diferentes entre si, mas que exibem uma sequência idêntica como radical. Trata-se de um único radical que, por diferentes operações de categorização, vai receber diferentes categorias ou serão antes radicais distintos, inscritos autonomamente no léxico, com diferentes especificações?[54]

(9)	
$ric]\ o_S$ $ric]\ o_{AD}$	adjetivo e substantivo masculino que ou aquele que possui muitos bens, muito dinheiro e/ou muitas coisas de valor
$burr]\ o_S$ $burr]\ o_{ADJ}$	adjetivo e substantivo masculino que ou aquele que é falto de inteligência; estúpido, tolo
$fur]\ o_S$ $fur]\ ar_V$	substantivo masculino abertura provocada por objeto pontiagudo; buraco, orifício verbo abrir furo, buraco ou rombo em; cavar
$troc]\ a_S$ $troc]\ ar_V$	substantivo feminino ato ou efeito de trocar(-se) verbo entregar em troca; permutar
$livr]\ o_S$ $livr]\ e_{ADJ}$	substantivo masculino coleção de folhas de papel, impressas ou não, reunidas em cadernos, formando um volume que se recobre com capa resistente adjetivo que é senhor de si e de suas ações

---

54. A informação categorial e semântica transcrita em (9) provém do dicionário Houaiss.

Na verdade, nem todos esses casos são idênticos. Alguns são radicais categorialmente ambíguos, subespecificados, que a sintaxe se encarregará de desambiguizar. É o que se verifica no caso de muitos pares de substantivos e adjetivos, cujo comportamento morfológico é idêntico – pode-se admitir que, nesses casos, se trata de um único radical, um radical nominal, que tanto pode ocorrer numa distribuição nominal quanto adjetival[55]:

(10) ric- $_{RN}$
Um *rico* poderá ser punido numa multa quinhentas vezes superior.
Um país é tanto mais *rico* quanto mais culto.

burr- $_{RN}$
Bem e depressa só um *burro* aos coices.
– E como foi fazer um personagem *burro*? / – Norville é só um ingênuo.

Outros casos são resultantes da intervenção de um processo de conversão[56]. No Português, a conversão está documentada na formação de verbos causativos e na formação de substantivos de ação. Nesses casos, uma das formas é derivante e a outra é a derivada, ou seja, é necessário prever a existência de dois radicais distintos, um dos quais é formado a partir do outro.

(11) fur- $_{RS}$ → fur- $_{RV}$
Foi feito um *furo* de captação de água.
O primeiro disparo *furou* o tejadilho.   cf. *furou* = fez um furo

---

55. Os exemplos apresentados em (10), (11) e (12) foram colhidos no CRPC.
56. Note-se que, no Português, apesar de não haver participação de afixos, a conversão tem efeitos na especificação das palavras. Substantivos e verbos têm características morfológicas muito distintas, pelo que a conversão não é uma mera operação de reetiquetagem. Sobre este assunto, veja-se Villalva (2013).

$troc\text{-}_{RV} \rightarrow troc\text{-}_{RS}$

Arquiteto de formação, *trocou* o compasso por um atelier musical.
Este processo de *troca* de informação.   cf. *troca* = ação de trocar

O terceiro tipo que partilha um radical idêntico integra formas que são, de raiz, diferentes radicais: estas formas exibem uma semelhança fonológica, mas nenhuma relação semântica. Em geral, são palavras que a evolução histórica aproxima foneticamente e que, por isso, se chamam convergentes. Trata-se de uma coincidência, de um acidente e, portanto, de situações que não devem ser confundidas com as anteriores:

(12)   Lat. REALIS (de RES "coisa")
        Lat. REGALIS (de REX "rei") ⟶ *real*

cf. São exemplos de um país *real* e não virtual.
    Espanha vive o primeiro casamento *real* depois do franquismo.

Lat. FIDERE (de FIDE "fé a")
Lat. FILARE (de FILUM "fio") ⟶ *fiar*

Cf. Eu tenho que me *fiar* nas indicações que me foram dadas pelos
    secretários.
    Aquela que arranca à terra o produto para *fiar* a própria
    camisa...

Uma questão distinta, mas que é igualmente necessário considerar, é a que diz respeito à existência de realizações distintas para radicais que relações morfológicas e semânticas permitem associar. Consideremos os seguintes exemplos:

(13)   a.   *leão*
              leões | leão~leõe~leonin |
              leonino

b. *sistema*
    sistematizar | sistem~sistemat |

c. *leite*
    lácteo | leit / lact |

Os casos exemplificados em (13) têm frequentemente origem na re-latinização que o léxico do Português sofreu, à semelhança do ocorrido noutras línguas europeias, durante e desde o Renascimento, característica muito importante na compreensão do léxico do Português[57]. As palavras que entraram no léxico do Português por esta via são palavras com uma aparência muito evidente de latinismos, mas podem nunca ter feito parte do léxico do Latim clássico ou mesmo do Latim de fases posteriores. Na verdade, o que se verifica é que o léxico do Latim dos textos conhecidos e estudados durante séculos foi aproveitado como um recurso paralelo ao léxico vernacular de cada língua. Assim se foi construindo um inventário de radicais, afixos e palavras trazidos dos textos antigos, sobretudo latinos, mas também gregos, e que, por essa marca de batismo, ganhou um cunho de erudição, reforçado pelo fato de se tratar de um léxico igualmente destinado à escrita, quer se tratasse de exercício literário ou de prosa científica. Note-se que, neste casos, a forma mais antiga é a forma mais diferente do étimo latino – a mais longa permanência destas palavras no léxico do Português é o fator que possibilita a intervenção de mais mudanças, nomeadamente fonéticas.

Mas nem todos os casos referidos em (13) são idênticos. Os casos exemplificados em (13a) podem ser referidos como casos de alomorfia do radical: o radical *leão* ocorre na forma do substantivo flexionado no singular; a

---

57. Ainda que, como vimos no capítulo anterior, haja explicações de natureza histórica que podem não ser conhecimento partilhado por todos os falantes, a importância deste traço de caráter do léxico do Português é relevante no conhecimento individual das palavras e, portanto, importante também na construção de um modelo de análise lexical.

forma *leõe* ocorre na forma do substantivo flexionada no plural; e a forma *leon* ocorre em todos os derivados do radical substantival. O caso referido em (13b) pode ter sido um caso de alomorfia (*sistem-* é o radical da palavra simples, singular ou plural – *sistema, sistemas*; e *sistemat-* é o radical selecionado pelos sufixos derivacionais, como em *sistematizar* ou *sistemático*). A atestação de uma palavra como *sistêmico* indicia, no entanto, que a relação de alomorfia existente entre *sistem-* e *sistemat-* pode ter dado lugar à autonomização das duas formas como diferentes radicais, que mantêm uma relação semântica, mas não a relação formal. O exemplo (13c) mostra um caso mais claro de radicais divergentes, que mantêm a proximidade semântica, mas perderam o nexo formal e funcionam autonomamente no léxico do Português: o radical *leit-* ocorre na palavra simples (*leite*) e em derivados como *leitoso, leiteiro* ou *leitelho*; o radical *lact-* ocorre apenas em palavras complexas como *lácteo, lactação* ou *lactante*.

Casos desse tipo, em que o nexo semântico se mantém, mas a relação formal não, são muitíssimo numerosos. Vejamos mais um exemplo:

(14)   PLUVIA   > *chuva*   século XIII
      PLUVIALIS   > *pluvial* " relativo à chuva"   1624
      PLUVIOSUS   > *pluvioso* "que traz chuva"   1836
      PLUVIOS-, *-idad*   → *pluviosidade*   sem registro (Houaiss)

Nesses casos, o radical vernacular (i.e. *chuv-*) e o radical que é um empréstimo latino (i.e. *pluv-*) não podem coexistir em palavras simples, que seriam semanticamente equivalentes. A forma neoclássica ocorre exclusivamente em palavras complexas (derivadas ou compostas)[58] e não possui

---

58. A forma *plúvio* está atestada no Dicionário Houaiss, como um substantivo de presença recente no léxico do Português (século XX), ao qual é atribuído o significado de "nuvem carregada de chuva", e origem num adjetivo latino (i.e. PLUVIUS, A, UM "de chuva, pluvial, pluvioso"). No Português, é um termo técnico, que possui um radical distinto do de chuva e do seu alomorfe (*pluv-*).

uma especificação gramatical plena. São, fundamentalmente, variantes formais que muito facilitam a transferência de palavras de uma língua para outra:

(15)	**Português**	**Espanhol**	**Francês**	**Italiano**	**Inglês**
	chuva	*lluvia*	*pluie*	*pioggia*	*rain*
	pluvial	*pluvial*	*pluvial*	*pluviale*	*pluvial*
	pluviosidade	*pluviosidad*	*pluviosité*	*piovosità*	*pluviosity*

Esses radicais que não ocorrem em palavras simples surgem, em grande medida, associados a sufixos igualmente latinizantes ou em compostos morfológicos, que são também uma importação recente de um modelo das línguas antigas. Veja-se o contraste entre as formas vernaculares de (16a) e as formações neoclássicas de (16b):

(16)   a.   *chuva*
                   chuvada
                   chuveiro
                   chuvisco
                   chuvoso
                   chover

        b.   *pluvial*
                   pluviógrafo
                   pluviometria
                   pluvioso

Ainda que o radical *pluv-* tenha um étimo conhecido e, em Latim, ocorra numa palavra simples de natureza substantival (i.e. PLUVIA), no Português, este radical não possui categoria sintática, dado que o que determina a categoria sintática da palavra em que esses radicais ocorrem são as propriedades dos restantes elementos presentes: assim, *pluvial* é um adjetivo porque o sufixo *-al* forma adjetivos; e *pluviometria* é um substantivo porque a sequência *-metria* forma substantivos. O exemplo seguinte ilustra essa situação a partir de radicais sinônimos: um radical do Português (i.e. *agu-*), um radical neoclássico latino (i.e. *aqu-*) e um radical neoclássico grego (i.e. *hidr-*). No primeiro caso, encontramos uma palavra simples e várias palavras complexas (cf. 17a). Nos casos restantes (cf. 17b e 17c), encontramos apenas palavras complexas:

(17) a. **agu-**
água $_S$
aguaceiro $_S$
aguado $_{ADJ}$

b. **aqu-**
aquário $_S$
aquoso $_{ADJ}$
aquicultura $_S$

c. **hidr-**
hidratar $_V$
hídrico $_{ADJ}$
hidrogênio $_S$

À relatinização do léxico do Português pode ainda atribuir-se a responsabilidade pela existência de palavras distintas provenientes de um mesmo étimo, mas que se diferenciam quer formal quer semanticamente. O exemplo referido em (18) mostra dois radicais substantivais distintos, *madeir-* e *matéri-*, ambos presentes em palavras simples e em palavras complexas, com interpretações independentes:

(18) a.　　Lat. MATERIA　> *madeira*　　　　1269[59]
　　　　　　　　　　　　> *matéria*　　　　século XIV
　　　b.　*madeireiro*
　　　　　madeiramento
　　　　　emadeirar
　　　　　material
　　　　　materializar
　　　　　materialismo

Em suma, há radicais que recebem especificações lexicais plenas (são os radicais que estão disponíveis em palavras simples) e radicais que recebem especificações lexicais parcelares (são os radicais neoclássicos que só ocorrem em palavras complexas)[60].

Vejamos agora que funções gramaticais podem os radicais desempenhar na estrutura das palavras e como é possível estabelecer uma relação entre estas capacidades e as suas propriedades inerentes. Os radicais que ocorrem em palavras simples são, inerentemente, o seu núcleo. Para além do radical, só estão presentes especificadores (morfológico e morfossintático), pelo que o núcleo destas palavras é ocupado por um predicador intransitivo:

---

59. As datações aqui apresentadas são as que estão registradas no Dicionário Houaiss. Como já foi referido antes, essas informações devem ser lidas de forma indicativa – o que essas datações indicam é que há um documento, datado, em que a palavra em causa ocorre. É possível e até provável que essa palavra tenha ocorrido em documentos mais antigos, mas que não foram trabalhados para esse efeito, ou que o lexicógrafo não conhece. É ainda possível e provável que a palavra tenha sido usada antes, mas que desse uso não haja registro escrito e datado.

60. Note-se que muitos radicais importados das línguas clássicas, particularmente do Grego Antigo e do Latim, têm a aparência de radicais neoclássicos, porque são empréstimos recentes dessas línguas, mas ocorrem em palavras simples, pelo que se comportam como radicais vernáculos. É o que se verifica, p. ex., com o radical *catedr-*, que é, no Português, um radical substantival, que ocorre no substantivo simples *cátedra*.

(19) Radicais substantivais (=RS)

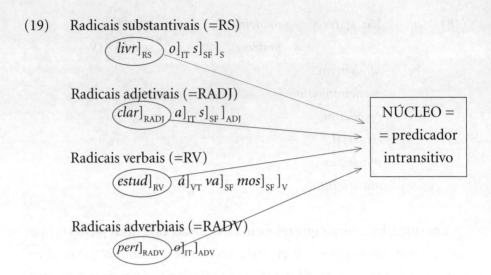

São também núcleo os radicais que ocorrem em palavras formadas por modificação. Os prefixos e os sufixos modificadores (cf. 20) são adjuntos que participam na construção do significado das palavras, mas não interferem no cálculo das suas propriedades gramaticais – a sua função é estritamente semântica. As propriedades gramaticais das palavras formadas por modificação são, pois, determinadas pelo radical, que é, de novo, um predicador intransitivo. Vejamos os seguintes exemplos:

(20) a.

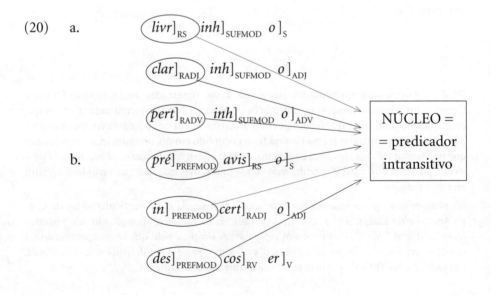

b.

Os compostos morfológicos, como *aquicultura, hidrogênio, pluviógrafo* ou *pluviometria* requerem a presença de, pelo menos, dois radicais e são estruturas de subordinação, a julgar pelo seu comportamento semântico e não gramatical. O núcleo é um predicador transitivo localizado no radical da direita[61], que responde à paráfrase "é um", e configura um caso de hiponímia[62].

(21) a. tóxico(dependent e) ⟶ NÚCLEO = = predicador transitivo

Noutros tipos de palavras, os radicais podem desempenhar outras funções. Retomando exemplos já antes considerados, encontramos um conjunto de derivados composicionais (cf. *chuvada, chuveiro, chuvisco, chuvoso, aguaceiro, aguado*) que ilustram um segundo caso. As ocorrências de um mesmo radical em palavras categorialmente distintas permitem demonstrar que as propriedades dos derivados são estabelecidas a partir dos sufixos e não a partir do radical. Nos exemplos seguintes, o radical substantival *alcool-* está na base (i) do adjetivo *alcoólico* porque *-ic(o)* é um sufixo de adjetivalização, também responsável pela formação de adjetivos como *básico, cíclico* ou *frásico*; (ii) do substantivo *alcoolismo* porque *-ism(o)* forma substantivos como *alarmismo, budismo* ou *campismo*; e (iii) do verbo *alcoolizar* porque o sufixo *-iz(ar)* forma verbos como *alfabetizar, caramelizar, vaporizar*. Não pode, pois, ser atribuída a esse radical a função de núcleo das palavras derivadas às quais serve como forma derivante. Nessas estruturas, o radical substantival *alcool-* é o complemento dos sufixos derivacionais que, como veremos adiante, são os predicadores e, portanto, núcleo. O mesmo se verifica com o radical adjectival *clar-*, que é complemento nos derivados *claramente, claridade* e *clarificar*. Falta falar dos radicais subcategorizados

---

61. No Português, as estruturas morfológicas são estruturas de núcleo final (cf. VILLALVA, 2008).
62. Um *tóxico-dependente* é um tipo de dependente.

pelos radicais que são predicadores transitivos nas estruturas dos compostos morfológicos e que também se comportam como complementos:

(22)

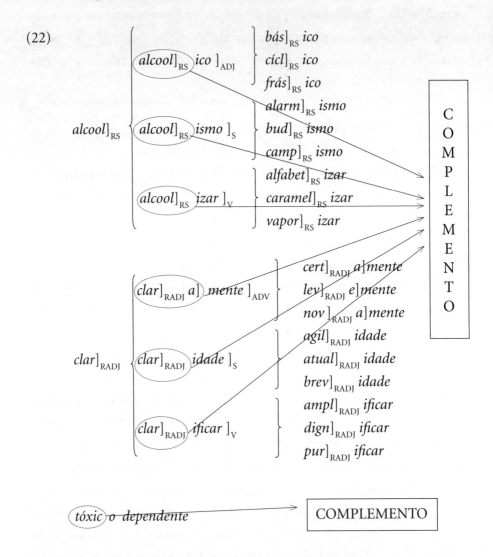

Esta descrição permite, pois, classificar os radicais a partir das relações e das funções gramaticais que estabelecem no domínio da estrutura das palavras:

(23)

Radicais
- Núcleo
  - Predicadores intransitivos — e.g. *livro*, *livrinho*
  - Predicadores transitivos — e.g. *tóxico-dependente*
- Complementos — e.g. *alcoólico*
  tóxico-dependente

Todos os radicais que exemplificam essa tipologia são radicais livres que podem ocorrer em palavras simples (cf. *livro, dependente, álcool, tóxico*). Quanto aos radicais neoclássicos, eles não podem ocorrer como predicadores intransitivos – essa é, como vimos antes, a propriedade que os distingue dos anteriores –, mas podem ser predicadores transitivos ou complementos:

(24)

Radicais
- Núcleo
  - Predicadores intransitivos — e.g. -------------
  - Predicadores transitivos — e.g. *pluviógrafo*
- Complementos — e.g. *aquoso*
  pluviógrafo

2.2 Afixos

A tipologia de afixos que se segue desenvolve-se em paralelo com a dos radicais, ou seja, considerando a função gramatical que desempenham na estrutura das palavras. Assim, identificaremos afixos que são predicadores, afixos que são modificadores e afixos especificadores. Em tese, qualquer uma dessas categorias poderia ser realizada por sufixos ou prefixos, ou mesmo por outros tipos de afixos. O Português tem, no entanto, fortes restrições sobre essa possibilidade, restrições que são responsáveis pela limitação dos afixos predicadores a sufixos[63] e dos especificadores a sufixos e interfixos (no caso da vogal de ligação). A maior diversidade fica reservada ao domínio dos afixos modificadores.

---

63. Presume-se, nesta análise, que a parassíntese é realizada por sufixos derivacionais (ou por conversão) e por prefixos expletivos.

2.3 Sufixos derivacionais

Os sufixos predicadores[64] são tradicionalmente chamados **sufixos derivacionais**. Essa é uma designação pouco esclarecedora quanto à sua função na estrutura das palavras e que tradicionalmente integra os dois tipos de afixos aqui contrastados, ou seja, os afixos derivacionais e os afixos modificadores. Essa distinção será aqui defendida, mas mantém-se a etiqueta de sufixos derivacionais para designar os sufixos predicadores, por comodidade terminológica.

A principal característica dos sufixos derivacionais é a de que eles são o núcleo das estruturas em que ocorrem, dado que lhes cabe definir as propriedades morfossintáticas das palavras derivadas. No Português, há sufixos predicadores que formam substantivos (cf. 25a), adjetivos (cf. 25b) e verbos (cf. 25c) e um único sufixo que forma advérbios (cf. 25d)[65]:

(25)   a.   sufixos de substantivalização
                     livr-aria
                     clar-eira
                     cans-eira

         b.   sufixos de adjetivalização
                     metód-ico
                     patern-al
                     iniciá-tico

---

64. A existência de prefixos derivacionais, no Português, é residual. O exemplo habitualmente citado é o do prefixo *a-*, na ocorrência em que se associa a um radical substantival (i.e. *caul-*) para formar um adjetivo (i.e. *acaule*). Trata-se mais provavelmente de um caso marginal do que um sólido argumento que sustente a existência de prefixos derivacionais.

65. Adjetivalização, adverbialização, substantivalização e verbalização são termos cunhados por analogia com nominalização, este surgido por influência do artigo de Chomsky (1970), intitulado "Remarks on nominalization".

c. sufixos de verbalização
desert-ificar
ampl-ificar
ferv-ilhar

d. sufixo de adverbialização
sensivel-mente

Alguns sufixos formam palavras categorialmente ambíguas. É esse o caso de um sufixo como *-ista*, que, em geral, pode ocorrer como substantivo ou como adjetivo (cf. *abolicionista*), embora o uso substantival seja mais frequente e às vezes até exclusivo (cf. *pianista*). Quando o uso adjetival é dominante (cf. *realista*), raramente se verifica ser o único possível[66]. Esta ambiguidade categorial afeta apenas as categorias nominais (i.e. substantivo e adjetivo). Para sermos mais precisos, esses sufixos formam radicais das categorias acima referidas e determinam as demais propriedades das palavras que geram, o que é particularmente óbvio nos casos de recursividade, em que essas predicações morfológicas complexas servem de base para a nova sufixação:

(26) a. *crem-e*   *crem-os-o*   *crem-os-idad-e*
     b. *art-e*   *art-ist-a*   *art-íst-ic-o*
     c. *comérci-o*   *comerci-al*   *comerci-al-iz-a-r*

Esses exemplos também permitem compreender que os sufixos derivacionais, enquanto predicadores transitivos que selecionam obrigatoriamen-

---

66. Vejam-se os seguintes exemplos, retirados do CRPC:
   Fica a incerteza da convicção **abolicionista** *do autor.*
   Para os **abolicionistas** *a questão era muito mais vasta.*
   O **pianista** *não pode dar boa música se não tiver bom piano.*
   O Governo apresentou também uma proposta **realista**.

te um complemento, definem igualmente as propriedades dos complementos que selecionam. Assim, há sufixos que selecionam bases substantivais, outros que selecionam bases adjetivais e outros que selecionam bases verbais, sendo a natureza morfológica desses complementos igualmente objeto de restrições de seleção dos sufixos derivacionais.

Note-se que todas as bases substantivais e adjetivais selecionadas são radicais (cf. 27a e 27b), mas que as bases verbais podem ser radicais (cf. 27c-i) ou formas do tema verbal do infinitivo (cf. 27c-ii.), do presente (cf. 27c-iii) ou do passado (cf. 27c-iv). Vejamos alguns exemplos:

(27) a. sufixos denominais (base = radical substantival)
livr-ari-a
metód-ic-o
desert-ific-a-r

b. sufixos deadjetivais (base = radical adjetival)
clar-eir-a
patern-al
ampl-ific-a-r

c. sufixos deverbais
i. base = radical verbal
cans-eira
estend-al
fuj-ão

ii. base = tema verbal do infinitivo
apresent-a-dor
venc-e-dor
segu-i-dor

iii. base = tema verbal de presente
orient-a-ndo
eleg-e-ndo
instru-e-ndo

iv. base = tema verbal do passado
admir-a-ção
perd-i-ção
curt-i-ção

Há ainda sufixos que selecionam bases pertencentes a diferentes categorias. Na maior parte dos casos, essas categorias são as nominais (i.e. substantivos e adjetivos). O sufixo *-ista* serve, de novo, para identificar esta possibilidade, dado que tanto se pode associar a radicais substantivais (cf. *alarmista*), quanto a radicais adjetivais (cf. *exclusivista*). Pode até haver casos em que radicais de qualquer uma das classes maiores (adjetival, substantival ou verbal) pode ser selecionado pelo mesmo sufixo:

(28) *bob*]$_{RADJ}$ *eira*
       bandalh]$_{RS}$ *eira*
       cans]$_{RV}$ *eira*

Note-se que as restrições de seleção impostas pelos sufixos derivacionais são definidas a partir do conjunto dominante de formas composicionais. Vejamos um sufixo como *-vel*. Segundo Pereira, Silvestre e Villalva (2013), este sufixo seleciona temas verbais de verbos que subcategorizam obriga-

Figura 1

toriamente dois argumentos, um dos quais tem a função temática de tema (cf. *durável*, *aceitável*, *confiável*). Na Figura 1 pode-se ver que essas restrições de seleção vão criando um conjunto de possibilidades cada vez menor. O que os dados do uso parecem mostrar é que é possível encontrar palavras formadas fora de cada um dos círculos de restrições, mas que o número de palavras encontradas fora de cada círculo é diminuto e estatisticamente pouco ou nada relevante.

Para além das propriedades categoriais intrínsecas e selecionais, os sufixos derivacionais têm propriedades semânticas, distribuindo-se por grandes classes como a dos nomes-sujeito, a dos nomes de ação, dos adjetivos relacionais ou dos verbos causativos. A tabela 2 mostra um conjunto de exemplos, organizados em função das classes de palavras a que pertence a forma derivante e da forma derivada e de tipos semânticos[67]:

As etiquetas semânticas atribuídas aos sufixos predicadores devem ser entendidas como informações genéricas que interagem com as propriedades das formas de base que estes sufixos selecionam. De fato, o valor semântico das palavras que os contêm é herdeiro dessa matriz semântica, mas também depende da existência das palavras no uso dos falantes.

---

67. Na coluna cinza estão assinalados os casos em que a classe da base e a da forma sufixada são idênticas. Esta coincidência não significa que esses sufixos são neutros em relação à classe das palavras que geram, mas apenas que formam palavras que pertencem à mesma classe das suas bases.

DEVERBAL		NOMINALIZAÇÃO			ADJETIVALIZAÇÃO			VERBALIZAÇÃO
		SUJEITO	AÇÃO	LOC. ESPACIAL	PASSIVA	MÉDIA	ATIVA	AVALIATIVA
RADICAL		*pedinchão* *esfregão* *esfregona*	*abord**agem*** *empurr**ão*** *zomb**aria*** *coment**ário*** *cans**eira*** *transform**ismo*** *sab**or*** *ferv**ura***	*esten**dal*** *refi**naria*** *vi**veiro***			*explu**sivo*** *desden**hoso***	*ferv**ilhar*** *escrev**inhar*** *namor**iscar*** *dorm**itar***
TEMA	INFINITIVO	*calçad**eira*** *apresent**ador*** *ferv**edor*** *represent**ante*** *fug**itivo***	*entr**ada*** *cusp**idela*** *belisc**adura*** *abrevi**atura***	*vesti**ário*** *ape**adeiro*** *bebe**douro*** *lava**tório***			*namor**adeiro*** *abras**ador*** *move**diço*** *cor**redio*** *absor**vente*** *nutri**tivo*** *prepara**tório***	
	PRESENTE	*form**ando***	*form**atura*** *abund**ância*** *ving**ança***					
	PASSADO	*convid**ado*** *nasci**turo***	*apresenta**ção*** *cumpri**mento***		*acentu**ado***	*apresent**ável***		

		AÇÃO	LOC. ESPACIAL	QUALIDADE	FORMAS PLEONÁSTICAS			CAUSATIVA
DEADJETIVAL		*baixaria* *voluntariado*	*clareira*	*cegueira* *clareza* *claridade* *velhice* *escuridão* *amplitude* *bravura* *amadorismo* *azedume*	*perenal* *pessimístico* *belicista*			*baratear* *obscurecer* *solidificar* *facilitar* *agilizar*
		SUJEITO	(RESULTADO DA) AÇÃO	LOC. ESPACIAL	QUALIDADE	RELACIONAL	ORIGEM	CAUSATIVA
DENOMINAL		*profissional* *empresário* *ferreiro* *maquinista* *dedal* *hostidário* *torneira* *chuveiro* *laranjeira*	*cotovelada* *peixeirada* *laranjada*	*provedoria* *laranjal* *livraria* *berçário* *terreiro* *lixeira* *vinhedo* *canil* *cartório*	*meninice* *generalato* *portugalidade*	*maníaco* *desastrado* *teatral* *exemplar* *partidário* *temático* *aventureiro* *solarengo* *ferrenho* *agoirento* *animalesco* *metódico*	*alimentício* *febril* *vicentino* *alarmista* *medonho* *gorduroso* *cabeludo*	*judaico* *paraibano* *beirão* *mineiro* *chileno* *aveirense* *chinês* *lisboeta* *europeu* *algarvio* *paulista* *israelita* *espanhol* *minhoto*	*guerrear* *favorecer* *alvejar* *classificar* *ruborizar*

tabela 2

A descrição da derivação deverbal conta com um outro tipo de informação, de natureza sintático-semântica, relacionada com a estrutura argumental e temática da forma verbal derivante e as alterações que sofre com a sufixação. Voltemos aos casos de adjetivalização em *-vel*. Os exemplos referidos anteriormente são formados a partir de diferentes tipos de verbos. Em todos esses casos, cabe ao argumento que desempenha a função de tema na estrutura argumental do verbo assumir idêntica função na estrutura argumental do adjetivo, mas agora enquanto seu argumento externo:

(29)   a.   O sindicato *aceitou* as condições propostas.
           As condições propostas são *aceitáveis*.
           aceita $_{\text{TVpassado}}$ [___ $X_{\text{SN, OD[tema]}}$] → *aceitável* $_{\text{ADJ}}$ [$X_{\text{[tema]}}$ ___]

   b.   O presidente *confia* que este grupo de pessoas o vai apoiar.
           Este grupo de pessoas é *confiável*.
           confia $_{\text{TVpassado}}$ [___ $X_{\text{F, [tema]}}$] → *confiável* $_{\text{ADJ}}$ [$X_{\text{[tema]}}$ ___]

   c.   Este detergente *dura* uma eternidade.
           Este detergente é muito *durável*.
           dura $_{\text{TVpassado}}$ [$X_{\text{SN, SUJ[tema]}}$ ___ $Y_{\text{SN, OBL}}$] → *durável* $_{\text{ADJ}}$ [$X_{\text{[tema]}}$ ___]

Para encerrar esta seção dedicada aos sufixos derivacionais deve-se fazer uma referência aos sufixos que participam em estruturas parassintéticas, para referir que nenhum deles é exclusivo desse processo derivacional[68]:

(30)   a.   *branqu] ear*
           es [*verd*] *ear*

   b.   *escur] ecer*
           en [*trist*] *ecer*

---

68. Aliás, na parassíntese, nem a presença de um sufixo é uma constante: casos como a[grav]ar, es[vazi]ar, des[figur]ar ou en[gord]ar são formados por conversão e prefixação.

c. *trac*] **ej**ar
a [*pedr*] **ej**ar

d. *human*] **iz**ar
a [*terror*] **iz**ar

2.4 Afixos modificadores

Os afixos modificadores incluem a globalidade dos prefixos e os chamados sufixos avaliativos. A sua propriedade mais relevante é a de que não interferem com nenhuma das propriedades gramaticais das formas às quais se associam – o seu papel na estrutura das palavras é estritamente semântico, distribuindo-se, em termos gerais, pelas seguintes categorias:

	Substantivos	Adjetivos	Verbos
AVALIATIVA	peix**inho** moed**ita** film**eco**	lev**íssimo** fin**inho** **super**antigo	
NEGAÇÃO	**in**verdade	**a**normal **des**elegante **in**justo **não** alinhado	**in**deferir
OPOSIÇÃO	**contra**curva **des**amor	**anti**bacteriano **des**elegante	**des**ligar **contra**-argumentar
LOCALIZAÇÃO ESPACIAL	**retro**escavadora **sobre**loja **sub**cave	**supra**citado	**circum**-navegar
LOCALIZAÇÃO TEMPORAL	**pós**-graduação **pré**-adolescência	**pós**-colonial **pré**-datado	**pós**-datar **pré**-qualificar
QUANTIFICAÇÃO	**mega**ssucesso **tri**campeão	**bi**molecular	
repetição			**re**começar

Tabela 3

A lista de prefixos que ocorre na generalidade das gramáticas escolares do Português assenta-se em exemplos que não têm uma estrutura composicional. Os prefixos aí identificados não podem ser dissociados das suas bases (que muitas vezes também não têm existência autônoma no Português contemporâneo) porque não têm um papel semântico fiável e não permitem formar novas palavras. Confira alguns exemplos:

(31) *adjungir* cf. Lat. ADIUNGĔRE (i.e. AD+IUNGĔRE)
   conduzir cf. Lat. CONDUCĔRE (i.e. CON+DUCĔRE)
   dispor cf. Lat. DISPONĔRE (i.e. DIS+PONĔRE)
   sustentar cf. Lat. SUSTENTĀRE (i.e. SUB+TENĔRE → SUSTINĔRE, SUSTENTUM)

É fácil encontrar na informação etimológica sobre essas palavras a razão pela qual elas são tidas como formas prefixadas, dado que foram formadas por prefixação em Latim. Mas não é possível transpor a estrutura latina para as palavras do Português. Na verdade, nessa língua são formas simples (em rigor, são formas complexas lexicalizadas – o que, para os falantes, é equivalente), eventualmente relacionadas com outras palavras que contenham o mesmo radical, se alguma pista formal ou semântica permitir o estabelecimento desse nexo:

(32) *adjungir* cf. *jungir, conjungir, disjungir, injungir*
   adjunção cf. *junção, conjunção, disjunção, injunção*

   conduzir cf. *aduzir, deduzir, reduzir, seduzir*
   condução cf. *adução, dedução, redução, sedução*

   dispor cf. *pôr, apor, compor, repor, supor*
   disposição cf. *posição, aposição, composição, reposição, suposição*

   sustentar cf. *atentar, contentar, intentar, ostentar, tentar*
   sustentação cf. *atenção, contentamento, intenção, ostentação, tentação*

Os verbos desse tipo frequentemente trazem, aliás, problemas de regência, verificando-se que a preposição pedida pelo verbo repete em muitos casos a que está presente no prefixo integrado no próprio verbo:

(33)   *assistir a*   *acorrer a*
       colaborar com   *concorrer com*
       depender de   *decorrer de*

O que se inclui nessa categoria depende, pois, antes de mais, de uma decisão acerca do que se pretende descrever. Se se pretende dar conta dos recursos disponíveis para a formação de palavras, então há que considerar apenas os prefixos que ocorrem em estruturas composicionais. Se se pretende analisar as palavras que fazem parte do léxico, então o conhecimento dos constituintes que as integram e do processo de lexicalização que sofreram devem também ser considerados.

Outra questão relacionada com esta categoria é a que se prende com o estatuto dos radicais que ocorrem como modificadores nos compostos morfológicos. Como é sabido, muitos dos prefixos disponíveis no Português correspondem à gramaticalização de adjetivos e preposições latinos ou gregos e verifica-se até que há listas de prefixos que incluem formas provenientes de substantivos (cf. *vice-reitor*), de advérbios (cf. *maldizer*) ou de numerais (cf. *unifamiliar*):

	Adjetivo	Preposição
ORIGEM GREGA	autoexame megamanifestação policultura pseudotronco	antibalas hipermercado hipoglicemia
ORIGEM LATINA	minissaia multicolorido pluridisciplinar recém-casado semiautomático	antecontrato coautor contra-argumento ex-polícia infrassom interligação pós-exílio pré-datar pró-americano sobreaquecer submundo super-herói ultrarresistente

Tabela 4

Note-se que algumas das preposições de origem latina ocorrem também como preposições no Português[69], como se pode ver nas seguintes ocorrências, recolhidas no CRPC:

(34) *A forma de atingi-lo,* **ante** *a posição inflexível do governo, é negar a ratificação ao decreto-lei.*
Fico um pouco surpreso com os ataques que são aqui produzidos **contra** *os médicos.*
[…] qual é o entendimento da minha bancada **sobre** *esta matéria.*

---

69. Há, aliás, casos em que um mesmo tipo de unidade pode surgir na versão grega, na latina e na vernacular: *hiper*, *super*, *sobre* ou *hipo*, *sub* e *sob*.

Desse ponto de vista, os prefixos assemelham-se bastante aos radicais neoclássicos, razão pela qual a prefixação vem descrita, em diversas gramáticas, como composição (cf. ALI, S., 1931, 1964). A fronteira não é fácil de traçar, dada a semelhança da função que desempenham na estrutura da palavra, enquanto modificadores, mas podem enunciar-se outros critérios que ajudam a compreender a fluidez da fronteira[70]. O primeiro (cf. 35i) diz respeito à tonicidade – há formas átonas (cf. *des-*) e formas tônicas[71] (cf. *pré-*); o segundo (cf. 35ii) relaciona-se com a ocorrência numa estrutura típica de composição morfológica – há formas que precedem (cf. *aut-*) e formas que não precedem uma vogal de ligação (cf. *des-*); o terceiro (cf. 35iii) olha para as posições que essas formas podem ocupar na estrutura das palavras – há formas que só podem ocorrer no início da palavra (cf. *não-*) e outras que tanto podem ocorrer no início quanto no final (cf. *fot-*); o quarto (cf. 35iv) verifica a possibilidade de ocorrência dessas formas como palavras – há formas que podem ocorrer isoladamente (cf. *não*) e formas presas (cf. *des-*); o quinto (cf. 35v) identifica as formas que, numa estrutura de coordenação, permitem a elipse do seu núcleo (cf. *pré-*) e as que não o permitem (cf. *aut-*); e o sexto critério (cf. 35vi) distingue as formas que permitem a adjunção a expressões sintáticas (cf. *pré-*) daquelas que não o permitem (cf. *des-*). A combinação desses seis critérios permite identificar seis classes (cf. 35), a que se seguem os exemplos relevantes (cf. 36):

---

70. A grafia dessas formas também reflete a dificuldade na distinção entre prefixos e radicais modificadores, verificando-se que o uso do hífen obedece a critérios mais ou menos sistemáticos, mas alheios ao estatuto lexical destas unidades. Como vimos no capítulo anterior, uma forma como *pré-* é separada da sua base por um hífen (cf. *pré-adolescência*), mas há exceções (cf. *preestabelecer*), e, relativamente a *aut-*, a regra é juntar (cf. *autoanálise*) e a exceção é separar por hífen (cf. *auto-observação*).
71. A lexicalização das palavras conduz à perda da tonicidade destas formas (cf. *preestabelecer* e *preconceito*), dando origem a um contraste fonético facilmente detectável no Português Europeu (cf. [prɛ] vs. [prɨ]).

(35)

	a. des-	b. pré-	c. não-	d. aut-	e. cardi-	f. toxic-
i.	-	+	+	+	+	+
ii.	-	-	-	+	+	+
iii.	-	-	-	-	+	-
iv.	-	-	+	-	-	+
v.	-	+	-	-	-	-
vi.	-	+	-	-	-	-

(36) a. **des**-*ligar*
      b. **pré**-*adolescência*
          pré *e* **pós**-*campanha*
          pré-*campanha eleitoral*
      c. **não** *violência*
      d. **aut**-*o-exame*
      e. **cardi**-*o-vascular*
          taqui-**cardi**-*a*
      f. **toxic**-*o-dependente*
          neur-o-**tóxic**-*o*

Para completar a descrição dos prefixos, falta referir os que ocorrem nas estruturas parassintéticas. Contrariamente ao que se verifica com os sufixos, que não se distinguem dos que ocorrem nas demais estruturas de derivação (cf. 30), os prefixos da parassíntese formam um conjunto quase exclusivo. Os seguintes exemplos mostram palavras formadas por conversão (a partir de substantivos e de adjetivos) e prefixação em *a*- (que não é o prefixo de negação de *atípico*) e em *en-* e *es-*:

(37)   *a-joelh-ar*
       a-ligeir-ar

       en-cabeç-ar
       en-gord-ar

       es-burac-ar
       es-fri-ar

O único prefixo que tem forma semelhante a um prefixo existente como modificador é *des-*. No entanto, o valor semântico do modificador verbal *des-* é de oposição (cf. *ligar/desligar*), e o do modificador adjetival *des-* é de negação (cf. *leal/desleal*) o valor semântico do prefixo *des-* que ocorre nas estruturas parassintéticas, a ter algum, é de subtração ou redução (cf. 38a), valor que também está associado ao prefixo *es-* (cf. 38b) podendo, em alguns casos, ocorrer até em alternativa (cf. 38c):

(38)   a.   *des-ab-ar*   "tirar as abas"
              des-brav-ar   "tirar a braveza"

        b.   *es-farrap-ar*   "reduzir a farrapos"
              des-membr-ar   "separar"

        c.   *es-casc-ar*   "tirar a casca"
              des-casc-ar   "tirar a casca"

              es-pedaç-ar   "reduzir a pedaços"
              des-pedaç-ar   "reduzir a pedaços"

Na verdade, a propriedade mais relevante desses prefixos é a de que eles não são indispensáveis, como se pode comprovar na comparação diacrônica (cf. 39a), no contraste entre variedades (cf. 39b) ou em confrontos socioletais (cf. 39c), sendo, portanto, melhor caracterizados como prefixos expletivos, que ocorrem como recurso expressivo e não em resposta a um requisito gramatical:

(39)   a.   *apacificar*   1500
              pacificar   Português contemporâneo

        b.   *engatinhar*   PB
              gatinhar   PE

c. *trocar*
destrocar

Quanto aos sufixos modificadores, tratados pela tradição gramatical como sufixos derivacionais, eles apresentam um comportamento formal característico e que permite isolá-los e tratá-los como um grupo autônomo, dado que não interferem nas propriedades gramaticais das palavras em que ocorrem. Assim, um mesmo sufixo pode associar-se a bases provenientes de diferentes categorias sintáticas e portadoras de diferentes traços morfossintáticos (cf. 40a). As formas que estes sufixos integram herdarão as propriedades da base não só no que diz respeito à categoria sintática, mas também à classe temática[72] e ao gênero, se se tratar de nomes (cf. 40b):

(40) a. *leve* $_{ADJ}$ *levinho* $_{ADJ}$
          casa $_S$ *casinha* $_S$
          cedo $_{ADV}$ *cedinho* $_{ADV}$

      b. *cas-a* $_{S[f, -a]}$ *cas-inh-a* $_{S[f, -a]}$
          problem-a $_{S[m, -a]}$ *problem-inh-a* $_{S[m, -a]}$
          ded-o $_{S[m, -o]}$ *ded-inh-o* $_{S[m, -o]}$
          trib-o $_{S[f, -o]}$ *trib-inh-o* $_{S[f, -o]}$

No que diz respeito à função semântica desses afixos, há que distinguir a situação dos substantivos, por um lado, da dos adjetivos e advérbios, por outro. Quando associados a bases substantivais, os sufixos modificadores

---

[72]. Tratando-se de um domínio da formação de palavras que não é objeto de atenção escolar, nem de normativização (antiga ou recente), a formação de diminutivos permite observar melhor a gramática morfológica dos falantes. Formas como *Carminha*, e não *Carminho*, como diminutivo do antropônimo feminino *Carmo*, podem prenunciar uma mudança no estatuto destes sufixos e até que essa mudança não está a ocorrer do mesmo modo no PB e no PE.

formam um tipo de hipônimos da base: uma *casinha* é um tipo de *casa*, um *dedinho* é um tipo de *dedo*. Desse modo se contorna a variação semântica que só o conhecimento da adequação pragmática permite resolver: dependendo do contexto, um *dedinho* pode ser um diminutivo, um valorativo ou um pejorativo, mas é sempre um tipo de *dedo*.

É necessário observar que nem todos os sufixos que formam hipônimos são sufixos modificadores (embora, na sua ocorrência típica, todos os sufixos modificadores formem hipônimos). Muitos deles são derivacionais, dado que determinam a categoria da nova palavra (cf. *dorminh(ar)* → *dorminhoco*) ou o seu gênero (cf. *cas(a)* → *casulo*). Estes sufixos têm características muito particulares, dado que há séries de palavras formadas a partir de variações vocálicas sobre uma consoante. Note-se que nem todos esses sufixos têm uma existência produtiva na língua, havendo mesmo palavras, lexicalizadas, que são as únicas ocorrências daquele tipo de formação. É como se se tratasse de ensaios para o estabelecimento de um recurso de formação de palavras. Vejamos alguns exemplos:

(41)   *cav**aco**, jornal**eco**, burr**ico**, dorminh**oco**, abelh**uco***
       *ervilh**aca**, son**eca**, barb**ica**, beij**oca**, bras**uca***
       *garg**alo**, colun**elo**, mam**ilo**, passar**olo**, cas**ulo***
       *cabeç**alho**, grup**elho**, fit**ilho**, rost**olho**, bag**ulho***
       *ric**anho**, terr**enho**, bigod**inho**, enfad**onho**, pez**unho***

Desse grande conjunto de possibilidades, houve pelo menos uma que se destacou e que ganhou características distintas. Trata-se do sufixo *-inh(o/a)*, que terá perdido a capacidade de alterar propriedades gramaticais da base[73]

---

73. Formas como *galinha, doninha, cavaquinho* ou *pelourinho* indiciam um comportamento derivacional deste sufixo.

e terá ganhado uma função semântica particular. Deixando de formar hipônimos, passou a atuar como um recurso comunicativo, frequente na interação com crianças (cf. 43a), ou como recurso irônico (cf. 43b[74]):

(42) a. *ursinho, coelhinho, beijinho, rostinho*
      b. *Esse **doutorzinho** não acertou um diagnóstico sequer.*

Esse sufixo e alguns outros que adquiriram um comportamento semelhante (como *-it(o/a)* ou *-ec(o/a)* ou *-aç(o/a)*) têm ainda uma outra característica particular: começam por encontrar um alomorfe próprio para a adjunção a formas atemáticas ou de tema Ø, que faz preceder o sufixo por um [z] (cf. *cafezinho, lençolzeco*), mas esse alomorfe vai-se transformando, progressivamente, num sufixo concorrente do primeiro. Criam-se, assim, duas séries de sufixos avaliativos: a série de avaliativos, propriamente ditos, e a série de z-avaliativos. A distribuição destas duas séries não é idêntica em todos os dialetos do Português. No PE há variação dialetal que isola, de forma mais evidente, os dialetos meridionais, mas há também contrastes entre o PE e o PB.

A distribuição dessas duas séries não é controlada apenas por fatores de natureza dialetal, obedecendo também a critérios de natureza morfofonológica e a dados de frequência de uso. De um modo simplificado, a preferência pelos sufixos avaliativos simples, que se associam à forma do radical (quando ela é distinta da forma do tema), vai para palavras com menor número de sílabas e de uso mais frequente no léxico geral (cf. 43a). Já a preferência pelos sufixos z-avaliativos (que se associam a palavras) prevalece com todas as palavras atemáticas e com formas mais longas e menos frequentes (cf. 43b). Essa descrição deixa antever, e os dados comprovam-no, que em muitos casos as duas séries de sufixos avaliativos estão em distribuição equivalente, sujeita à preferência dos falantes (cf. 43c) ou das comunidades de falantes (cf. 43d):

---

74. Exemplo retirado de Costa (2003).

(43) a. *ded-inho*
         *pe-inho
         ?exam-inho
         ?parlament-inho

    b. *revestimento-zinho*
        cha-zinho
        lençol-zinho
        lençoi-zinhos

    c. *conjunt-inho*
        conjunto-zinho

    d. PE[75] *casal-inho*
        PB   *casal-zinho*

No que diz respeito a propriedades formais, o comportamento desses sufixos modificadores, quando associados a bases adjetivais ou adverbiais, não é muito distinto do já descrito para os nomes, mas há algumas especificidades a assinalar. Nesses casos, o sufixo *-inho*, apesar de ter um uso bastante frequente, compete com o sufixo *-íssimo*, que só marginalmente se associa a bases nominais:

(44) *levíssimo*
      fininho

Ainda que possam selecionar as mesmas bases (cf. *fininho*, *finíssimo*), não são sufixos sinônimos. O valor superlativo que -íssim(*o/a*) atribui está

---

75. No Português Brasileiro, as palavras de tema Ø cujo radical termina em [l] têm um comportamento idêntico ao das palavras atemáticas no que diz respeito à sufixação avaliativa: só admitem sufixação z-avaliativa. No Português Europeu, os radicais de tema Ø terminados em [l] têm um comportamento menos previsível e mais próximo do das palavras de tema em -*e*: as palavras com menor extensão e maior frequência de uso admitem com facilidade a sufixação avaliativa (cf. *anelinho, azulinho, solinho*). A preferência pela sufixação z-avaliativa é dominante nos restantes casos (cf. *finalzinho, funilzinho, hotelzinho*).

também disponível em *-inho* (cf. 46a), mas este último pode exibir um valor atenuativo (cf. 46b). O uso de *-inho* pode ser estritamente retórico (cf. 46c), como sucede quando se associa a nomes, mas o de -íssimo não:

(45)   a.   *Estufe agora na metade da manteiga o alho francês cortado* **finíssimo** (= muito fino).
Escrevia cartas em folhinhas **fininhas** (= muito finas), *com um lápis muito* **fininho**[76].
       b.   *Ajuda muito o ser* **gordinho** (= um pouquinho gordo) *e ter os cabelos aos caracolinhos.*
       c.   *Quem resiste a um café* **quentinho** *e gostoso?*[77]
cf. *café quentíssimo*

É habitual encontrar nas gramáticas escolares uma referência aos chamados superlativos sintéticos irregulares, como *antiquíssimo*, *fidelíssimo* ou *nobilíssimo*, mas essas formas são empréstimos neoclássicos que não resultam da intervenção de qualquer processo de formação de palavras no Português[78]. A ocorrência das formas composicionais (cf. *antiguíssimo*, *fielíssimo*, *nobríssimo*) é relativamente fácil de atestar no uso, embora nem todos os casos mereçam idêntico nível de aceitação por parte dos falantes.

2.5 Sufixos especificadores

A variação formal responsável pelo elenco de formas que constitui um paradigma lexical é obtida por sufixos especificadores. Nessa categoria de

---

76. Note-se que a modificação com *-inho* pode ser reforçada pelo advérbio *muito* (cf. *muito fininho*), mas com -íssimo esse reforço não é aceitável (cf. *muito finíssimo).

77. *In* pimentapimenta.blogspot.pt/2012/05/quem-resiste-um-cafe-quentinho-e.html.

78. A formação do superlativo absoluto sintético, por sufixação em -íssim(*o/a*) ou em -érrim(*o/a*), é obtida por modificação morfológica. A restante variação em grau é gerada sintaticamente. A perspectiva de que os adjetivos flexionam em grau não tem fundamento e começa a ser rejeitada até em gramáticas escolares, como se pode verificar em Bechara (2009: 145).

afixos, integram-se os sufixos temáticos, que são especificadores morfológicos, e os sufixos de flexão, que são especificadores morfossintáticos. A cargo dos especificadores temáticos, encontra-se a realização da vogal temática dos verbos, que torna visível a conjugação a que pertencem, e o índice temático de todas as outras categorias de palavras, que as distribui por classes temáticas que são vestígios das antigas declinações latinas. A vogal de ligação, que ocorre nos compostos morfológicos, também é um especificador morfológico. Quanto aos especificadores morfossintáticos, trata-se de sufixos que preenchem informações exigidas pela concordância sintática e que também ajudam a diferenciar os verbos de todas as classes de palavras restantes.

A propósito da descrição desses sufixos, vale a pena lembrar a distinção entre **palavras variáveis** e **palavras invariáveis**. Estas últimas são palavras cujo paradigma lexical é constituído por uma única forma: os advérbios, as preposições e as conjunções são invariáveis. Em contrapartida, as palavras variáveis correspondem a paradigmas lexicais constituídos por diversas formas: o uso destas palavras tem de escolher uma das suas possibilidades, podendo essa escolha resultar da vontade de veicular uma dada significação ou de exigências intragramaticais, como a concordância. No Português, são variáveis as palavras que pertencem a **classes abertas**, ou seja, a categorias que permitem o surgimento de novas palavras: os verbos, por um lado, e os substantivos, por outro. Os adjetivos também são variáveis, seguindo o modelo dos substantivos. As palavras que pertencem a **classes fechadas**, ou são invariáveis, ou seguem o modelo nominal de variação.

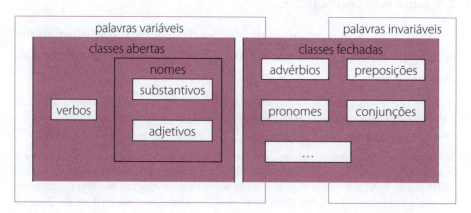

Figura 2

Vejamos algumas das propriedades destes diversos tipos de afixos.

2.5.1 Especificadores morfológicos: vogal temática e conjugações verbais

Os verbos do Português distribuem-se em três conjugações, geralmente citadas a partir da forma do infinitivo[79], porque nessa forma a vogal temática tem realizações fonéticas distintas: [a] para a primeira conjugação, [e] para a segunda e [i] para a terceira[80].

(46)

	C1	C2	C3
infinitivo	*observar*	*beber*	*permitir*

Esta tripartição na conjugação verbal é, no entanto, mais aparente do que real: dado que a pertença a uma conjugação não tem qualquer relevância sintática ou semântica, a justificação para a sua consideração é estritamente morfológica, estando intimamente relacionada com a realização da flexão. Olhando para a flexão verbal, o que se constata é que ela é sensível não às três classes antes identificadas, mas a um contraste entre a primeira conjugação, por um lado, e as segunda e terceira, por outro, o que se manifesta pelo recurso a diferentes sufixos flexionais (e.g. *-va* vs. *-ia* para o imperfeito do indicativo, ou *-e* vs. *-a* para o presente do subjuntivo), quer pela neutralização da distinção fonológica entre a vogal temática da segunda e da terceira conjugações (e.g. *-a* vs. *-e* no presente do indicativo, *-a* vs. *-i* no particípio passado):

---

79. Nas formas do gerúndio, a vogal temática também é distinta nas três conjugações, mas a sua realização fonética é condicionada pelo sufixo de tempo-modo-aspecto (i.e. *-ndo*), que a nasaliza (cf. **observando**, *escrevendo*, **permitindo**).

80. A flexão do verbo *pôr* e verbos morfologicamente relacionados, como *compor*, *depor* ou *transpor*, integra-se na segunda conjugação, embora, na atual sincronia do Português, a vogal temática não esteja presente na maioria das suas formas, incluindo o infinitivo. Ela é, no entanto, visível em alguns derivados como, p. ex., *poente* ou *poedeira*.

(47) a.

	C1	C2	C3
indicativo imperfeito	observava	bebia	permitia
subjuntivo presente	observe	beba	permita

b.

	C1	C2	C3
indicativo presente	observa	bebe	permite
particípio passado	observado	bebido	permitido

Outra constatação que reforça essa análise das conjugações é a de que não existem verbos de flexão irregular na primeira conjugação[81] – todos os verbos irregulares estão distribuídos pelas segunda e terceira conjugações. Por outro lado, todos os neologismos verbais (e.g. *clicar, teclar, printar*) se integram na primeira conjugação[82], o que traz, como contrapartida, a constatação de que as segunda e terceira conjugações são classes fechadas dentro da classe aberta dos verbos.

---

81. A primeira conjugação integra alguns verbos defectivos como **ladrar** ou **nevar**, que não são flexionados segundo o paradigma a que pertencem. A origem desta defectividade é semântica e não morfológica: estes verbos impõem uma restrição que impede que o sujeito seja animado, o que bloqueia a flexão de primeira e segunda pessoas. Note-se que essas formas flexionadas são perfeitamente aceitáveis em universos discursivos fictícios (e.g. ... *no tempo em que os animais falavam, eu* **ladrava** *quando queria chamar a atenção dos meus amigos*...) ou com um valor semântico distinto do literal (e.g. ... *não* **ladres** *mais, que já estou farta de te ouvir*...).

Para além desses casos, há ainda que assinalar a flexão de alguns verbos cujo radical termina em [i]. O conjunto desses verbos é diferente no Português do Brasil (*ansiar, incendiar, (re)mediar* e *odiar*) e no Português Europeu (para além dos anteriores, inclui *negociar* ou *premiar*). Essa é uma situação, bastante marginal, resultante duma confusão fonética ocorrida entre o [i] final do radical desses verbos e o sufixo [i] que forma verbos como *pent-e-ar* ou *branqu-e-ar*, e que consiste na ditongação desse sufixo nas formas rizotônicas:

    a.   *pent-e-ar, pent-ei-o, pent-e-amos*
    b.   *afi-ar, afi-o, afi-amos*
    c.   *ansi-ar, ansei-o, ansi-amos*

82. A existência de um sufixo de verbalização pertencente à segunda conjugação (i.e. *–ec(er)*) poderia pôr em causa esta observação, mas a formação de novos verbos por intermédio deste sufixo não parece ser significativa no Português contemporâneo.

Note-se, por último, que a sufixação derivacional também oferece dados interessantes para a análise das conjugações, dado que os sufixos derivacionais que selecionam temas verbais são sensíveis às subclasses dessa categoria morfológica, sendo possível distribuí-los por três conjuntos distintos:

(48)   a.   *-dela, -deira, -diço, -dio, -dor, -dura, -nte*
        b.   *-ção, -da, -do, -mento, -vel*
        c.   *-ncia, -ndo*

O primeiro conjunto (cf. 48a) associa-se a temas verbais que exibem a vogal temática na forma que ela assume no infinitivo; o segundo conjunto (cf. 48b) exibe uma neutralização da vogal temática das segunda e terceira conjugações em [i]; e o terceiro conjunto (cf. 48c) neutraliza a vogal temática dessas mesmas conjugações em [e], posteriormente nasalizado por influência da consoante inicial do sufixo:

(49) a.

observ	a	dor	*analisador, engraxador, pulverizador*
reg	e	dor	*corredor, devedor, sabedor*
confer	i	dor	*abridor, cumpridor, destruidor*

b.

observ	á	vel	*analisável, cultivável, realizável*
reg	í	vel	*concebível, elegível, inexcedível*
confer	í	vel	*dirigível, incorrigível, presumível*

c.

observ	â	ncia	*abundância, implicância, redundância*
reg	ê	ncia	*antecedência, ascendência, tendência*
confer	ê	ncia	*aderência, divergência, falência*

Esses exemplos são obviamente relacionáveis com os dados da flexão mostrados em (46) e (47): tanto num caso como noutro, a realização fonética da vogal temática é constante apenas na primeira conjugação (e.g. *observar, observando, observava, observa, observado, observador, observável, observân-*

cia). No que diz respeito aos verbos das segunda e terceira conjugações, constata-se que à realização da vogal temática se oferecem três possibilidades:

(50)

C2			C3	
reg e dor	*reg e r*	**infinitivo**	*confer i r*	*confer i dor*
reg í vel	*reg i do*	**particípio passado**	*confer i do*	*confer í vel*
reg ê ncia	*reg e*	**presente do indicativo**	*confer e*	*confer ê ncia*

Dada a existência desse paralelo entre a neutralização da vogal temática na flexão e no tema verbal derivante, pode-se estabelecer uma distinção entre um **tema verbal do infinitivo** (que realiza a vogal temática de forma distinta nas três conjugações), um **tema verbal do passado** (que neutraliza a distinção entre a vogal temática da segunda e da terceira conjugações em [i]) e um **tema verbal do presente** (que neutraliza a distinção entre a vogal temática da segunda e da terceira conjugações em [e]):

(51)

	C1	C2	C3
TV infinitivo	*observ -a*	*reg -e*	*confer -i*
TV passado	*observ -a*	*reg -i*	*confer -i*
TV presente	*observ -a*	*reg -e*	*confer -e*

Note-se que a vogal temática que está presente na estrutura morfológica não é foneticamente realizada quando precede um sufixo flexional começado por vogal, mas essa é uma questão que deve ser considerada na análise fonológica e não na análise morfológica da conjugação verbal do Português:

- **presente do indicativo**

    observ $[a]_{VT}$ $[o]_{Flexão}$ = *observo*

    escrev $[e]_{VT}$ $[o]_{Flexão}$ = *escrevo*

    permit $[i]_{VT}$ $[o]_{Flexão}$ = *permito*

- **presente do subjuntivo**

observ	$[a]_{VT}$	$[e\ mos]_{Flexão}$	=	observemos
escrev	$[e]_{VT}$	$[a\ mos]_{Flexão}$	=	escrevamos
permit	$[i]_{VT}$	$[a\ mos]_{Flexão}$	=	permitamos

É provável que o esbatimento das diferenças entre a segunda e a terceira conjugações tenha tido origem na evolução do sistema latino de quatro conjugações, que foi desencadeada pela perda do contraste de duração nas vogais. Com efeito, a generalidade dos verbos da primeira conjugação latina (tema em -*a*) integraram-se na primeira conjugação do Português, mas a segunda conjugação integrou verbos da segunda e terceira conjugações latinas (tema em -*e* longo e -*e* breve, respectivamente), e a terceira conjugação acolheu verbos das terceira e quarta conjugações latinas (tema em -*e* breve e tema em -*i*, respectivamente):

(52)   LATIM > PORTUGUÊS

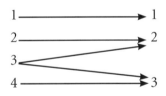

amāre (C1)	>	amar (C1)
placēre (C2)	>	prazer (C2)
bibĕre (C3)	>	beber (C2)
fugĕre (C3)	>	fugir (C3)
sentīre (C4)	>	sentir (C3)

Para além desse estilhaçamento da 3ª conjugação latina, houve acidentes na integração de verbos provenientes de todas as conjugações:

(53)   *torrēre* (C2)   > *torrar* (C1)
         lucēre (C2)   > *luzir* (C3)
         fidĕre (C3)   > *fiar* (C1)
         mollīre (C4)   > *molhar* (C1)

Há ainda um terceiro fator de perturbação, resultante da mudança de conjugação, ocorrida já no Português e que transferiu verbos da segunda para a terceira conjugação (cf. 54a) e vice-versa (cf. 54b), recorrendo, em alguns casos, a um processo de sufixação em *-ec-* ou *-esc-* (cf. 54c), que não alteram o valor semântico do verbo[83]:

(54)   a.   *caer*   *cair*
               confonder   *confundir*
               correger   *corrigir*
               finger   *fingir*
               empremer   *imprimir*
               traer   *trair*

       b.   *ardir*   *arder*
               dezir   *dizer*
               requerir   *requerer*

---

83. Este processo de alargamento do radical ocorre noutras línguas, como o Romeno, em que o sufixo *-esc-* serve para realizar a flexão de um tipo de verbos (cf. GÖNCZÖL, 2008).

c. *abor**rir*** *abor**recer***
    *pod**rir*** *apod**recer***
    *flo**rir***[84] *flo**rescer***

É de notar que esta migração entre segunda e terceira conjugações nem sempre afetou a totalidade dos verbos que integram o mesmo radical, em Latim, pelo que se encontram, no Português, verbos que integram radicais cognatos, embora pertençam a diferentes conjugações:

(55) *es**prem**er*   vs. *com**prim**ir*
      *re**quer**er*   vs. *in**quir**ir*
      *sub**met**er*   vs. *per**mit**ir*
      *con**vert**er*   vs. *di**vert**ir*
      *pre**v**er*   vs. *pro**v**ir*
      *e**leg**er*   vs. *co**lig**ir*

A caracterização das conjugações verbais aqui apresentada permite assim concluir que o sistema de três conjugações deve ser entendido como um sistema que integra produtivamente uma conjugação, (a primeira) representada sistematicamente pela vogal temática [a] e residualmente as duas outras (ou seja, a segunda e a terceira), representadas tipicamente pelas vogais [e] e [i], mas que frequentemente reduzem a distinção temática em favor da vogal [i], mais frequentemente, ou da vogal [e], nos restantes casos.

---

84. Este verbo subsiste apenas nas formas arrizotônicas:
    *floro vs. *floresço*
    florimos

2.5.2 Especificadores morfológicos: índice temático e classes nominais

O comportamento temático dos verbos é distinto do de todas as restantes classes de palavras: nomes, adjetivos, advérbios, pronomes, conjunções, todas se distribuem por classes temáticas muito idênticas. Na grande maioria dos casos não verbais, ao radical segue-se uma vogal átona, que pode ser *-o*, realizada como [u], *-a*, realizada como [ɐ], ou *-e*, realizada como [ɨ], no PE, e que não está presente quando estas palavras servem de base a processos de sufixação, a partir da forma do radical:

(56) *livr-o*   *livr-inho*   *livr-aria*
      bel-o   *bel-íssimo*   *bel-eza*
      ced-o   *ced-inho*

      revist-a   *revist-inha*   *revist-eiro*
      gord-a   *gord-íssima*   *gord-ura*
      mesm-a   *mesm-íssima*

      dent-e   *dent-inho*   *dent-uça*
      grav-e   *grav-íssimo*   *grav-idade*
      tard-e   *tard-íssimo*

Essa vogal final é, na verdade, um sufixo com características particulares, dado que desempenha uma função residual de distribuição dos nomes por classes morfológicas, que são, provavelmente, o vestígio que subsiste no Português do sistema de declinações latinas. Para além desses índices temáticos, há um outro, que se encontra em palavras cujo radical termina em [r], em [l] ou em [s] ou [z]. Esse índice temático não tem realização fonética no singular, mas há evidências da sua presença em formas plurais, ou por uma vogal realizada foneticamente, ou de processos morfofonológicos por ela desencadeados, quer em PE, quer no PB:

(57) a. *mar* ['mah] / ['mar]   *mares* ['maris] / ['mariʃ]
     b. *local* [lo'kaw] / [lu'kal]   *locais* [lo'kajʃ] / [lu'kajʃ]
     c. *país* [pa'is] / [pɐ'iʃ]   *países* [pa'izis] / [pɐ'iziʃ]
     d. *vez* ['vejs] / ['veʃ]   *vezes* ['vezis] / ['veziʃ]

Falta integrar em classes temáticas todas as palavras que não terminam em -*o*, -*a* ou -*e* átonos, no singular, e aquelas cujo radical também não termina em consoante vibrante ou lateral. Esse tipo de palavras, que seria claramente residual no Português não fosse o caso da integração nesta classe dos nomes terminados em ditongo nasal, caracteriza-se pela inexistência de índice temático[85], o que está na origem da sua designação como nomes atemáticos (⊤). Essas palavras terminam geralmente em vogal tónica, seguida ou não de uma semivogal ou de uma fricativa surda (dental ou palatal), ou, podem, ainda que mais raramente, terminar em vogal átona distinta das vogais do índice temático ou em ditongo nasal átono. Os exemplos que se seguem são de substantivos:

---

85. A formação do plural, nos casos relevantes, opera por adjunção do sufixo -*s* diretamente à forma do radical: *café(s), manhã(s), museu(s), armazém(s), táxi(s), fórum(ns), miragem(ns)*. As formas terminadas em fricativa comportam-se como invariáveis, dado que a adjunção do sufixo do plural, por degeminação, não tem realização fonética (cf. *cais, ténis*). Note-se que é neste caso, o dos radicais atemáticos, que só os sufixos z-avaliativos podem ocorrer – os sufixos avaliativos geram formas inaceitáveis para a generalidade dos falantes do Português (e.g. *cafezinho* vs. **cafeinho, manhãzinha* vs. *manhãinha). É também nesses casos que muitos sufixos derivacionais apresentam variação alomórfica – vejam-se os exemplos de *cha+zada* (cf. *laranj+ada*) ou *cha+leira* e *cafe+teira* (cf. *manteigu+eira*). As consoantes encontradas no início desses sufixos são, por vezes, tratadas como consoantes de ligação, mas a arbitrariedade da sua ocorrência, ainda que haja forte preferência por [z] (cf. *cafezeiro, cafezal*) e o fato de elas só ocorrerem com bases atemáticas parece desaconselhar essa análise.

(58)

sílaba final tônica				
vogal		ditongo	
ORAL	NASAL	ORAL	nasal
rajá café mercê bisturi agogô pó baú convés	manhã farolim batom atum	calhau troféu museu boi herói cais	mão armazém

sílaba final átona		
VOGAL ORAL	VOGAL NASAL	DITONGO NASAL
táxi alferes tênis bônus	fórum	miragem bênção

Em suma, de um ponto de vista formal, as classes temáticas não verbais são cinco:

(59)

	SUBSTANTIVOS	ADJETIVOS	ADVÉRBIOS
-o	livro	gordo	cedo
-a	mapa	magra	nunca
-e	gente	leve	tarde
∅	ar, papel, gás, rapaz	fiel, capaz	apesar
⊤	café, atum, herói, vão, táxi	ruim, simples	então

As classes temáticas dos substantivos exigem também a consideração dos valores de gênero. O mesmo se passa com os adjetivos, embora não exatamente nos mesmos termos, mas a apresentação e discussão do gênero serão feitas no capítulo seguinte.

2.5.3 Especificadores morfológicos: vogal de ligação

As **vogais de ligação** disponíveis no Português são -*o*- e -*i*-. Trata-se de um constituinte que ocorre na estrutura dos compostos morfológicos como marcador da fronteira entre dois radicais[86]. A autonomia desse constituinte fica demonstrada quando se contrasta a forma de um mesmo radical em diferentes posições:

(60)   ***cardi*-*o*-*vascular***
   taqui-***cardi***-*a*

   tóxic*-*o*-*dependente
   neur-*o*-***tóxic***-*a*

A distribuição dessas duas possibilidades é determinada pelo tipo de estrutura em que ocorrem e pela natureza etimológica do constituinte da direita. Assim, nos compostos morfológicos formados por coordenação, a vogal de ligação é sempre -*o*- (cf. 61a). Já nos compostos morfológicos formados por subordinação, a vogal de ligação -*i*- precede um conjunto de radicais, de origem latina, lexicalmente marcados[87] (cf. 61b), e a vogal -*o*- ocorre em todos os restantes contextos, qualquer que seja a natureza etimológica do radical da direita (cf. 61c).

(61)   a. *soci-o-cultural*

---

86. A vogal de ligação -*o*- tem origem no marcador casual que ocorre nos compostos morfológicos do Grego antigo; e -*i*- provém do marcador casual dos compostos morfológicos latinos.

87. Em alguns raros casos há hesitações por parte dos falantes e preferências que vão em sentido contrário do acima descrito (cf. *parquímetro*) ou em que há mesmo uma escolha contrária ao previsível (cf. *genocídio*). São casos marginais, de possível hipercorreção, que não devem ser considerados na descrição geral.

b.
-cid	"que mata"	e.g. *fung-i-cida*
-col/-cultur	"que cria"	e.g. *frut-i-cola, hort-i-cultura*
-dic	"que diz"	e.g. *fat-i-dico*
-fer	"que tem"	e.g. *aqu-i-fero*
-fic	"que faz"	e.g. *mal-i-fico*
-fug	"que afasta"	e.g. *fum-i-fugo*
-ger	"que produz"	e.g. *fam-i-gerado*
-form	"que tem forma de"	e.g. *arbust-i-forme*
-loqu	"que fala"	e.g. *son-i-loquo*
-par	"que gera"	e.g. *ov-i-paro*
-ped	"cujo pé é"	e.g. *palm-i-pede*
-son	"que soa"	e.g. *un-i-ssono*
-vom	"que expele"	e.g. *fum-i-vomo*
-vor	"que come"	e.g. *crud-i-voro*

c. *neur-o-transmissor*
   ec-o-desenvolvimento
   ind-o-chinês

No Português Europeu, a realização fonética da vogal de ligação *-o-*, sobretudo nos casos em que está em posição átona, mostra-se resistente ao processo de elevação que habitualmente afeta as vogais átonas. Assim, a vogal é realizada como [ɔ]:

(62)   *mot* [ɔ] *serra*
       trogl [ɔ] *dita*

Note-se que a vogal de ligação não está presente nos compostos morfológicos com estrutura de subordinação[88], cujo radical da direita começa por vogal (cf. 63a), nem nos casos em que o radical da direita era um adjetivo, um advérbio ou uma preposição em Grego antigo (cf. 63b):

(63) a.   *ped- -agogia*
ot- -algia
son- -âmbulo
mis- -antropia
psic- -astenia
pseud- -ônimo

      b.   *braqui- -céfalo*
cali- -cromia
orto- -grafia
meta- -morfose

Os dados do Português contemporâneo mostram contraexemplos a muitas destas generalizações. Há casos, como *eco-escola* ou *foto-álbum*, em que a vogal de ligação está presente por se tratar de amálgamas obtidas por truncamento das formas *ecologia* e *fotografia* e não de compostos morfológicos em que estejam presentes os radicais (*ec-* e *fot-*), seguidas da vogal de ligação. Noutros casos, a vogal de ligação mantém-se provavelmente porque a função de delimitador da fronteira entre radicais prevalece sobre a resolução de um problema fonotático (cf. *centro-africano*).

---

88. Nas estruturas de coordenação a vogal de ligação está sempre presente (cf. *polític-o--econômico*).

2.5.4 Especificadores morfossintáticos: sufixos de flexão verbal

No Português, os sufixos de flexão dos verbos são bem menos numerosos e diversificados do que habitualmente se pensa. Por um lado, a variação dos verbos fica, frequentemente, a cargo de formas lexicalizadas e, por outro, o uso do paradigma verbal terá valores de frequência bastante diversos. As pesquisas efetuadas em *corpora* não permitem obter os resultados mais esclarecedores, ou por deficiências de anotação do *corpus* (não permitindo distinguir subcasos de formas ambíguas, p. ex.), ou por se tratar de *corpora* de texto escrito, o que certamente prejudicará, por exemplo, a ocorrência de formas de 1ª e 2ª pessoas. Ainda assim, os resultados obtidos numa pesquisa feita no CRPC são interessantes de analisar. Vejamos o exemplo do paradigma verbal *abrir*:

(64)

	INDICATIVO				SUBJUNTIVO			INFINITIVO PESSOAL	FUTURO SIMPLES	CONDICIONAL
	imperfeito	mqp	perfeito	PRESENTE	PRESENTE	IMPERFEITO	FUTURO			
tu	*abrias* 1	*abriras* 1	*abriste* 11	*abres* 33	*abras* 0	*abrisses* 0		*abrires* 10	*abrirás* 0	*abririas* 0
você ele/a	*abria* 1112	*abrira* 179	*abriu* 8011	*abre* 9160	*abra* 1264	*abrisse* 379		*abrir* 15.685	*abrirá* 581	*abriria* 211
eu			*abri* 566	*abro* 176				*abrirei* 23		
nós	*abríamos* 10	*abríramos* 0	*abrimos* 336	*abramos* 23		*abríssemos* 14		*abrirmos* 62	*abriremos* 36	*abriríamos* 5
vós	*abríeis* 0	*abríreis* 0	*abristes* 1	*abris* 1	*abrais* 0	*abrísseis* 0		*abrirdes* 1	*abrireis* 1	*abriríeis* 0
vocês eles/as	*abriam* 378	*abriram* 1992		*abrem* 2381	*abram* 409	*abrissem* 121		*abrirem* 448	*abrirão* 106	*abririam* 42

A pesquisa realizada mostra que a forma mais frequente é a do infinitivo impessoal (i.e. *abrir*), mas é preciso notar que essa forma é ambígua, por ser idêntica às formas de 1ª pessoa, de 2ª pessoa (você) e de 3ª pessoa do singular do infinitivo pessoal e do futuro do subjuntivo. As quatro formas mais frequentes que surgem imediatamente a seguir (com mais de 1.000 ocorrências) são, por ordem, *abre*, *abriu*, *abrem* e *abriram*. Essa ordem alterna o presente e o perfeito do indicativo e a 3ª pessoa do singular (idêntica à forma da 2ª pessoa do singular (você)) com a 3ª pessoa do plural. Pode-se, assim, concluir que a forma do infinitivo impessoal, o presente e o perfeito do indicativo e a 3ª pessoa do singular são as formas verbais mais frequentemente utilizadas.

O grupo seguinte é constituído pela 3ª pessoa do singular do presente do subjuntivo (i.e. *abra*) e do imperfeito (cf. *abria*). Com menos de 1.000 ocorrências está um conjunto que continua a não incluir qualquer forma de 2ª pessoa do singular (tu) ou de 2ª pessoa do plural (vós). Com menos de 100 ocorrências, temos formas de 1ª pessoa do plural e de 2ª pessoa do singular (tu), a 1ª pessoa do singular do futuro simples e a 3ª pessoa do plural do condicional. Com 0 ocorrências estão formas de 2ª pessoa do plural (vós *abríeis, abríreis, abrais, abrísseis, abriríeis*), de 2ª pessoa do singular (tu *abras, abrisses, abrirás, abriria*) e a 1ª pessoa do plural do mais-que-perfeito (nós *abríramos*). Com 1 ocorrência estão as restantes formas de 2ª pessoa do plural (vós *abris, abristes, abrirdes, abrireis*) e algumas outras formas de 2ª pessoa do singular (tu *abrias, abriras*). Estes últimos dados confirmam que a natureza do *corpus* impede a avaliação do uso das primeiras pessoas, mas também permite confirmar o desuso da segunda pessoa do plural (vós) e que o pretérito mais-que-perfeito é usado com baixíssima frequência e, provavelmente, apenas em texto escrito.

As 46 formas que integram o paradigma da flexão verbal, e que correspondem a 81 diferentes distribuições sintáticas, recorrem a dois tipos de sufixos: os que combinam informações de modo, tempo e aspecto[89] e os que conjugam informação de pessoa e número. Para além desses sufixos, que operam em algumas das flexões dos verbos regulares, há sufixos que amalgamam todos os valores antes referidos e há ainda casos de flexão irregular,

---

89. No Português, a flexão em tempo-modo-aspecto fornece à construção dos enunciados linguísticos um conjunto de possibilidades relacionadas com a distinção entre a ocorrência em frases principais ou frases secundárias, como predicadores únicos ou dependentes de verbos auxiliares e alguma indicação genérica sobre tempo e aspecto, mas o valor modal, temporal e aspectual dos enunciados linguísticos é construído com base em muitas outras informações não apenas lexicais.

que é realizada por formas lexicalizadas. Um conjunto limitado de formas resulta da ausência de sufixos: é o que se verifica na 3ª pessoa do singular do presente do indicativo, que é formada apenas pelo radical verbal e pela vogal temática (i.e. *fala*). As chamadas formas nominais (infinitivo impessoal, gerúndio e particípio) são defectivas em pessoa-número.

Os sufixos de flexão em tempo-modo-aspecto (i.e. TMA) estão presentes na formação do pretérito mais-que-perfeito e do pretérito imperfeito do indicativo, dos três tempos do subjuntivo, do infinitivo flexionado e das formas nominais do verbo (infinitivo impessoal, gerúndio e particípio)[90]. Note-se que é neste domínio que o contraste entre a primeira conjugação e as duas restantes se faz notar, ainda que apenas no que diz respeito ao imperfeito do indicativo e ao presente do subjuntivo:

(65)

		C1	C2 e C3
INDICATIVO	MAIS-QUE-PERFEITO	-ra-	
	imperfeito	-va-	-ia-
SUBJUNTIVO	PRESENTE	-e-	-a-
	imperfeito	-sse-	
	futuro	-re-	
infinito pessoal		-re-	
infinitivo impessoal		-re	
gerúndio		-ndo	
particípio		-do	

---

90. Pode admitir-se que o futuro simples e o condicional, que historicamente são estruturas compostas a partir do infinitivo do verbo principal e das formas do presente e do pretérito imperfeito do indicativo (com truncamento do radical, neste último caso), tenham evoluído para formas compostas em que está presente um sufixo resultante da integração do sufixo do infinitivo e das terminações de *haver*:

    cant-a-r-ei   >   *cant-a-rei*

    cant-a-r-ia   >   *cant-a-ria*

A possibilidade de ocorrência de mesóclise (e.g. *cantar-lhe-ei*, *cantar-lhe-ia*), ainda que em desuso, contraria este processo de mudança. Talvez seja essa a razão para a sua falta de popularidade.

Os sufixos de flexão em pessoa-número[91] (i.e. PN) geram as formas de segunda pessoa do singular e de todas as pessoas do plural dos paradigmas já referidos:

(66)

SINGULAR	2ª (tu)	-s
PLURAL	1ª (nós)	-mos
	2ª (vós)	-is / -des
	2ª (vocês) / 3ª (eles/elas)	-m

Os paradigmas flexionais desses tempos são, então, os seguintes:

(67)

INDICATIVO		SUBJUNTIVO			INFINITIVO		IMPESSOAL	GERÚNDIO	PARTICÍPIO
pmqp	imperfeito	presente	IMPERFEITO	FUTURO	PESSOAL			
fal-a-ra- beb-e-ra- abr-i-ra-	fal-a-va- beb-(e)-ia- abr-(i)-ia-	fal-(a)-e- beb-(e)-a- abr-(i)-a-	fal-a-sse- beb-e-sse- abr-i-sse-	fal-a-r(e)- beb-e-r(e)- abr-i-r(e)-	fal-a-r(e)- beb-e-r(e)- abr-i-r(e)-			
fal-a-ra-s beb-e-ra-s abr-i-ra-s	fal-a-va-s beb-(e)-ia-s abr-(i)-ia-s	fal-(a)-e-s beb-(e)-a-s abr-(i)-a-s	fal-a-sse-s beb-e-sse-s abr-i-sse-s	fal-a-re-s beb-e-re-s abr-i-re-s	fal-a-re-s beb-e-re-s abr-i-re-s	abr-i-r(e)	abr-i-ndo	abr-i-do
fal-á-ra-mos beb-ê-ra-mos abr-í-ra-mos	fal-á-va-mos beb-(e)-ía-mos abr-(i)-ía-mos	fal-(a)-e-mos beb-(e)-a-mos abr-(i)-a-mos	fal-á-sse-mos beb-ê-sse-mos abr-í-sse-mos	fal-a-r(e)-mos beb-e-r(e)-mos abr-i-r(e)-mos	fal-a-r(e)-mos beb-e-r(e)-mos abr-i-r(e)-mos	beb-e-r(e)	beb-e-ndo	beb-i-do
fal-á-re-is beb-ê-re-is abr-í-re-is	fal-á-ve-is beb-(e)-íe-is abr-(i)-íe-is	fal-(a)-e-is beb-(e)-a-is abr-(i)-a-is	fal-á-sse-is beb-ê-sse-is abr-í-sse-is	fal-a-r(e)-des beb-e-r(e)-des abr-i-r(e)-des	fal-a-r(e)-des beb-e-r(e)-des abr-i-r(e)-des	fal-a-r(e)	fal-a-ndo	fal-a-do
fal-a-ra-m beb-e-ra-m abr-i-ra-m	fal-a-va-m beb-(e)-ia-m abr-(i)-ia-m	fal-(a)-e-m beb-(e)-a-m abr-(i)-a-m	fal-a-sse-m beb-e-sse-m abr-i-sse-m	fal-a-re-m beb-e-re-m abr-i-re-m	fal-a-re-m beb-e-re-m abr-i-re-m			

---

91. A combinação destes dois valores (pessoa e número) é motivada pela existência de um único sufixo. Por outro lado, como é sabido, *nós* não é o plural de *eu* – é sim um conjunto que inclui *eu* e mais alguém. A mesma tradição gramatical que estabelece a distinção entre pessoa e número também não tem como identificar a forma de tratamento da segunda pessoa que usa as formas flexionadas de terceira.

Quanto à formação do presente e do pretérito perfeito do indicativo, ela é realizada por amálgamas de tempo-modo-aspecto e pessoa-número (i.e. TMA+PN):

(68)

indicativo	
perfeito	presente
*fal-a-**i*** *beb-(e)-**i*** *abr-(i)-**i***	*fal-(a)-**o*** *beb-(e)-**o*** *abr-(i)-**o***
*fal-a-**ste*** *beb-e-**ste*** *abr-i-**ste***	*fal-a-**s*** *beb-e-**s*** *abr-e-**s***
*fal-a-**u*** *beb-e-**u*** *abr-i-**u***	*fal-**a**-* *beb-**e**-* *abr-**e**-*
*fal-a-**mos*** *beb-e-**mos*** *abr-i-**mos***	
*fal-a-**stes*** *beb-e-**stes*** *abr-i-**stes***	*fal-a-is* *beb-e-is* *abr-i-is*
*fal-a-**ram*** *beb-e-**ram*** *abr-i-**ram***	*fal-a-**m*** *beb-e-**m*** *abr-e-**m***

Nos casos de flexão irregular, pode não haver intervenção de sufixos de flexão. A flexão realizada por formas supletivas, por exemplo, exige a lexicalização de todas as formas do paradigma verbal.

2.5.5 Especificadores morfossintáticos: sufixos de flexão nominal

Para além dos sufixos de flexão verbal, o Português dispõe de apenas um outro sufixo de flexão, é o sufixo de número que forma o plural de substantivos e adjetivos, e de algumas outras formas, como os determinantes, numerais e alguns pronomes:

(69) *livro*   *livro-s*
     novo   *novo-s*
     o   *o-s*
     primeiro   *primeiro-s*
     meu   *meu-s*

Algumas palavras apresentam uma forma plural que parece não ser gerada por mera adjunção do sufixo -s, mas é: no caso de radicais de tema Ø, a formação do plural obriga ao preenchimento fonético da posição do índice temático (cf. 70a). Outros casos apresentam alomorfes distintos para o singular e o plural, que têm de estar lexicalizados (cf. 70b). Há ainda casos de assimilação do sufixo do plural que tornam as formas ambíguas (cf. 70c):

(70) a.   *marØ*
          mar[ɨ/i]*-s*

          rapazØ
          rapaz[ɨ/i]*-s*

     b.   *papel*
          papéi-s

          leão
          leõe-s

          capitão
          capitãe-s

c. *lápis*   ['lapis]
    lápis-s   ['lapis]

A variação em número é obrigatória, ou seja, o uso de substantivos, adjetivos ou qualquer outra palavra que varie nesta categoria deve obrigatoriamente escolher entre a forma do singular e a forma do plural. A semântica da flexão em número não é, porém, tão regular quanto a sua forma. Nos substantivos, a oposição entre singular e plural é uma oposição de cardinalidade (#=um *vs.* #=mais de um), se esses substantivos referem entidades contáveis:

(71) *Não há nesta casa um único livro de história* (#livro=1)
      Nesta casa há livros de história por todo o lado (#livro=mais de um)

Nos substantivos que referem entidades não contáveis, a forma do plural pode ser gerada, mas é discursivamente dispensável, a menos que se pretenda construir uma tipologia da entidade referida, ou que o substantivo plural tenha sido lexicalizado:

(72) *felicidade / ? felicidades*
      *Há muitos tipos de **felicidade**.*
      *Há muitas **felicidades**.*
      *[…] muitas **felicidades**, muitos anos de vida.*

3 PALAVRAS E EXPRESSÕES LEXICALIZADAS

A lexicalização é habitualmente vista como um processo gradual de perda da composicionalidade. No domínio das palavras, a composicionalidade é uma propriedade que diz respeito ao modo como os seus diferentes constituintes contribuem para o todo, quer do ponto de vista formal quer do ponto de vista semântico. Pode-se, então, admitir que as palavras que estão registradas no léxico são as palavras lexicalizadas, ou seja, são as palavras complexas que não têm uma estrutura composicional. Há palavras lexicalizadas de vários tipos. Em (73a) estão presentes substantivos flexionados no plural. Em geral, a alteração produzida pela adjunção do sufixo do plural não provoca alterações no conteúdo referencial da palavra, mas, neste caso, o significado de *costas*, numa das suas possíveis acepções (= dorso, parte de trás), não corresponde à paráfrase "mais do que uma costa (= faixa litoral)". A lexicalização de formas flexionadas pode ser exigida também por razões formais. Os verbos defectivos, por exemplo, têm todas as suas formas lexicalizadas – é o que se verifica com o verbo *ser*, exemplificado em (73b), mas o mesmo sucede com todos os outros tipos de irregularidade na flexão verbal (cf. 73c).

(73) a. *costas*
 óculos
 b. *sou*
 fui
 és
 c. *fujo, foges*
 digo, dizes

Outro tipo de lexicalização é o que diz respeito a palavras derivadas. As palavras complexas podem ter uma estrutura composicional, refletida na relação previsível que se estabelece entre o todo e as partes, mas podem também ter essa relação perturbada por razões de natureza formal ou semântica ou por uma combinação de ambas (cf. 74b). O sufixo -*ção* associa-se a temas verbais para formar substantivos que nomeiam a ação do verbo. Esse é o valor com que ocorre numa palavra como *continuação* (cf. 74a), que é, portanto, uma palavra com uma estrutura composicional. Todos os outros exemplos de palavras em -*ção* que estão contidos em (74) têm uma estrutura lexicalizada: em (74b) estão palavras cuja forma está lexicalizada (*sensa-* não é um tema verbal), mas que podem ser interpretadas composicionalmente (neste caso, por relação com o verbo *sentir*); em (74c) estão palavras cuja interpretação não é composicional, mas a sua forma é; em (74d) e (74e) estão palavras lexicalizadas formal e semanticamente: a relação com o verbo base pode estar perdida (como se verifica na relação entre *fação* ou *feição* com *fazer*), ou pode não ser possível estabelecê-la, por não haver verbo disponível.

(74) a. *continua-ção*   "(resultado do) ato de *continuar*"

    b. *sensa-ção*   "(resultado do) ato de *sentir*"
       conce-ção   "(resultado do) ato de *conceber*"
       atra-ção   "(resultado do) ato de *atrair*"

    c. *armação*   "conjunto de peças"
       repartição   "departamento"

    d. *fa-ção*
       fei-ção

    e. *erudi-ção*
       ambi-ção

Um terceiro tipo de palavras complexas lexicalizadas é o que inclui a maior parte dos compostos morfológicos. A presença de radicais neoclássicos nessas formas torna-as difíceis de interpretar composicionalmente: provavelmente, é mais fácil lembrar que *estomatologista* é mais ou menos a mesma coisa do que *dentista*, do que saber que *estomat-* é um radical neoclássico equivalente do de *dente*. E é talvez também por essa razão que muitos dos referentes destes compostos contam com outras possíveis designações:

(75) *estomatologista*　　*dentista*
　　　odontalgia　　　　*dor de dentes*

Essa perspectiva acerca de quais são as palavras que estão presentes no léxico pode contrapor-se a outra, que tem origem em abordagens psicolinguísticas e está relacionada com o acesso e o processamento lexical. Nessa perspectiva psicolinguística, no léxico de cada falante, todas as palavras que esse falante conhece têm registro lexical, independentemente da sua complexidade e da sua composicionalidade. Essa posição encontra eco em argumentos como os fenômenos de bloqueio[92], que impedem a ocorrência de uma palavra devido à existência de uma outra, relacionados com um princípio geral de economia no funcionamento das línguas.

A discussão que se faz acerca da lexicalização das palavras pode, de algum modo, transpor-se para a lexicalização de estruturas sintáticas, salvaguardando-se que a lexicalização da totalidade das estruturas sintáticas nunca é uma opção disponível.

Consideraremos, em seguida, a lexicalização de três grandes tipos de estruturas: os compostos morfossintáticos, os compostos sintáticos e todas as restantes estruturas sintáticas que requerem um conhecimento não composicional.

O conjunto dos compostos morfossintáticos agrupa estruturas que têm uma base sintática, mas que a sintaxe não sanciona, e que, sendo constituídos por sequências de palavras, também não cabem na descrição canônica de palavras na morfologia. Trata-se, portanto, de unidades que podem ocupar posições terminais em estruturas sintáticas, mas que não são nem estruturas sintáticas nem estruturas morfológicas. Trata-se de sequências de substantivos que ocorrem em estruturas de subordinação (cf. 76a) ou em estruturas de coordenação (cf. 76b) e estruturas sintagmáticas, superficialmente constituídas por um verbo e um substantivo (cf. 76c):

---

92. Cf. Aronoff (1976: 43)

A flexão em número dessas formas e a sua variação em gênero mostram que o seu comportamento é tipicamente sintático, dado que afeta um núcleo sintaticamente determinado.

(76) a. *convidado-mistério*
convidados-mistério
convidada-mistério

b. *rádio-despertador*
rádios-despertadores

c. *quebra-cabeça*

O grupo dos compostos sintáticos inclui diversos tipos de estruturas sintagmáticas, geralmente de natureza nominal. As mais frequentes são sequências formadas por um núcleo nominal e um modificador preposicionado ou adjetival. Contrariamente aos anteriores, os compostos morfossintáticos, estas são estruturas sintaticamente bem-formadas e que nem sequer ocupam uma posição terminal na estrutura sintática. A única razão que justifica o seu tratamento como unidades lexicais vem da sua não composicionalidade semântica.

(77) a. *arco da velha* = arco-íris
língua da sogra = apito

b. *orelha murcha* = triste
pé-frio = pessoa que atrai a pouca sorte

c. *velha guarda* = os mais antigos
curta-metragem = filme que dura menos de 30 minutos

No extremo limite da inscrição no léxico estão as sequências sintaticamente bem-formadas e que até podem permitir uma interpretação literal, mas que precisam de registro para garantir a interpretação não composicional. A compreensão das expressões registradas em (78) não é bem-sucedida se elas forem interpretadas palavra a palavra – apesar de todas conterem a palavra *água*, nenhuma delas faz apelo a esse conceito[93]:

(78) *ferver em pouca água*   = irritar-se facilmente
      ir por água abaixo   = não dar certo
      levar a água ao moinho   = conseguir alcançar os objetivos

Em suma, ainda que possamos afirmar, com alguma segurança, que o léxico é formado por radicais, afixos, palavras e sequências de palavras, não é possível defender, com idêntico grau de certeza, que todos os elementos que podemos caracterizar como sendo palavras precisam estar registradas no léxico. Essa necessidade é uma característica intrínseca dos radicais, dos afixos e de todas as unidades (palavras ou sequências de palavras) cuja forma ou significado exijam uma aprendizagem específica.

4 ASSINATURA CATEGORIAL

Qualquer proposta de codificação das unidades lexicais obedece a um modelo que pode ser mais ou menos formalizado. Lieber (1989 e 1992) elaborou uma proposta, à qual chamou **assinatura categorial**, e que é interessante, por um lado, porque estabelece critérios estritos, mas subordinados à especificidade de cada língua, e, por outro, porque distingue informações sintaticamente relevantes de todas as outras informações associadas às unidades lexicais.

Segundo Lieber, a assinatura categorial é uma moldura de traços morfossintáticos sintaticamente relevantes, encabeçados pelos traços categoriais [N] e [V]. No Português, a assinatura categorial de substantivos, adjetivos e verbos é construída com base nas informações de gênero e número,

---

93. Forma de tratamento da segunda pessoa que usa as formas flexionadas de terceira.

nos dois primeiros casos, e tempo-modo-aspecto e pessoa-número, no último. A escolha dos traços [fem] para o gênero e [plu] para o número, e [nec], [pos], [pas], [pre] e [ant] para a amálgama de TMA e [I], [II], [plu] para a amálgama PN é uma escolha nossa, motivada pela sua adequação ao Português e pelo fato de estas combinações de traços permitirem uma identificação negativa das formas com valor genérico dentro de cada classe[94]. Assim:

(79)   a.   [-fem] = masculino (valor genérico)
                  [+fem] = feminino

        b.   [-plu] = singular (valor genérico)
                  [+plu] = plural

        c.   [+nec, -pos] = indicativo
                  [-nec, +pos] = subjuntivo
                  [-nec, -pos] = formas nominais (infinitivo, gerúndio, particípio)
                  [+nec, +pos] = imperativo, futuro simples, condicional

                  [+pas] = pretéritos, particípio, condicional
                  [+pre] = presentes, imperfeitos, imperativo, gerúndio
                  [-pas, -pre] = infinitivos, futuros

        d.   [+I] = primeiras pessoas (eu, nós)
                  [+II] = segundas pessoas (tu, você, vós, vocês)
                  [-I, -II] = terceiras pessoas (ele(a), eles(as)

---

94. Numa codificação binária deste tipo, as etiquetas devem ser entendidas como rótulos, embora possa haver alguma motivação na sua escolha. Trata-se de um sistema que procura combinações de traços que identifiquem cada uma das categorias de forma inequívoca e maximamente econômica.

Os quadros completos para o Português, resultantes das combinações de traços referidas e que ainda incluem alguns casos de subespecificação[95], são os seguintes (os valores não marcados são assinalados com um sombreado cinza):

(80) a.

MASCULINO	FEMININO	SUBESPECIFICADO
[-fem]	[+fem]	[±fem]

b.

SINGULAR	PLURAL	SUBESPECIFICADO
[-plu]	[+plu]	[±plu]

c.

MODO	TEMPO-ASPECTO	[NEC]	[POS]	[PAS]	[PRE]	[ANT]
INDICATIVO	mais-que-perfeito	+	-	+	-	+
	perfeito	+	-	+	-	-
	imperfeito	+	-	+	+	
	presente	+	-	-	+	
imperativo		+	+	-	+	
futuro simples		+	+	-	-	
condicional		+	+	+	-	
SUBJUNTIVO	imperfeito	-	+	+	+	
	presente	-	+	-	+	
	futuro	-	+	-	-	
INFINITIVO		-	-	-		
gerúndio		-	-	-	+	
particípio		-	-	+	-	

---

95. O conceito de subspespecificação é aqui usado para dar conta de ambiguidades lexicais, como as que afetam o gênero de substantivos como *jornalista* ou o número de adjetivos como *simples*, e que só o contexto sintático pode (embora não tenha de) desfazer:
Este jornalista já foi convidado.
Esta jornalista já foi convidada.
Um grande número de jornalistas já recebeu a informação.
Chegarei como **simples participante** na reunião.
Chegaremos como **simples participantes** na reunião.

d.

		[I]	[II]	[PLU]
SINGULAR	primeira	+	-	-
	segunda (tu)	+	+	-
	segunda (você)	-	+	-
	terceira	-	-	-
PLURAL	primeira	+	-	+
	segunda (vós)	+	+	+
	segunda (vocês)	-	+	+
	terceira	-	-	+

As assinaturas categoriais dos substantivos, adjetivos e verbos, no Português, bem como as dos sufixos que formam substantivos, adjetivos e verbos são então as seguintes:

(81) a. Substantivos e sufixos de substantivalização

$$\begin{bmatrix} [+N, -V] \\ \pm fem \\ \pm plu \end{bmatrix}$$

b. Adjetivos e sufixos de adjetivalização

$$\begin{bmatrix} [+N, +V] \\ \pm fem \\ \pm plu \end{bmatrix}$$

c. Verbos e sufixos de verbalização

$$\begin{bmatrix} [-N, +V] \\ \begin{bmatrix} \pm nec \\ \pm pos \\ \pm pas \\ \pm pre \\ \pm ant \end{bmatrix} \begin{bmatrix} \pm I \\ \pm II \\ \pm plu \end{bmatrix} \end{bmatrix}$$

A proposta de Lieber contempla ainda uma distinção entre assinaturas categoriais plenas e assinaturas categorias parciais[96]. As palavras e os sufixos derivacionais têm assinaturas categoriais plenas; os sufixos de flexão têm uma ou várias especificações parciais, que dizem respeito apenas à categoria que especificam:

(82) -s: [+plu]
      -s: [+I, +II, -plu]
      -o   [[+nec, -pos, +pre, -pas, -ant] [+I, -II, -plu]]

RESUMO DO CAPÍTULO

Neste capítulo, definimos o léxico como o lugar da gramática que toma a seu cargo o registro das unidades que participam na construção dos enunciados linguísticos. A caracterização dessas unidades lexicais levou-nos a admitir que elas se distribuem por três diferentes grupos. O primeiro é o das palavras, enquanto paradigmas lexicais que incluem todas as suas possibilidades de realização, que considera todas as palavras atestadas, sem limites cronológicos, geográficos ou sociais, e todas as palavras possíveis, ou seja, todas as palavras que a gramática morfológica permite gerar. O segundo grupo é formado pelos elementos que participam na formação de novas palavras (i.e. radicais e afixos) e, especialmente, na análise de palavras complexas já existentes. O terceiro é o grupo de unidades que são formadas por sequências de palavras, mas que não são meras construções sintáticas. Esta repartição das unidades lexicais pode ser esquematicamente representada do seguinte modo:

---

96. Note-se que algumas unidades lexicais, porque não têm relevância sintática, não possuem assinatura categorial: os afixos modificadores (prefixos e sufixos) e os especificadores temáticos são exemplo desse tipo de unidades lexicais.

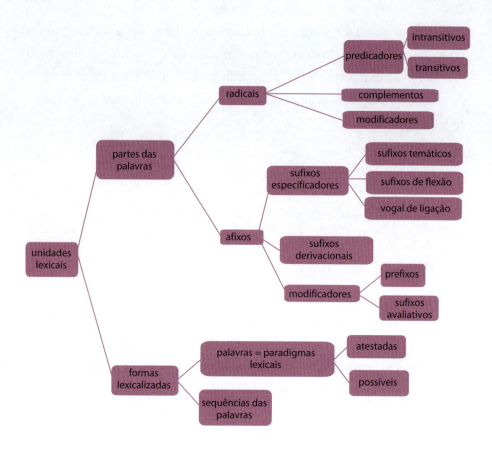

Na descrição das unidades caracterizáveis como partes das palavras, realçamos a importância de considerar, a par da sua classificação linear (responsável pela distinção entre prefixos, radicais e sufixos), a função gramatical que desempenham na estrutura das palavras (i.e. núcleo, complemento, modificador ou especificador) e não da sua categoria morfológica (i.e. radical, prefixo, sufixo). Essa hipótese é inovadora no que diz respeito aos radicais, distinguindo-se aqueles que ocorrem em palavras simples, de que são núcleo, dos que só ocorrem como núcleo de palavras complexas e selecionam, obrigatoriamente, um modificador, e ainda dos que são modificadores:

(83) 1. Núcleo
  radical $livr]_{núcleo}\ o$
  sufixo derivacional $livr]\ ari]_{núcleo}\ a$

  2. Complemento
  radical $livr]_{complemento}\ aria$
  tema $continua]_{complemento}\ ção$
  palavra $invariável]_{complemento}\ mente$

  3. Modificador
  prefixo $re]_{modificador}\ ler$
  radical $super]_{modificador}\ amigo$
  sufixo avaliativo $livr]\ inh]_{modificador}\ o$

  4. Especificador
  constituinte temático $começ]\ a]_{especificador}\ r$
  sufixo de flexão $livro]\ s]_{especificador}$
  sufixo de flexão $começa]\ r]_{especificador}$
  vogal de ligação $bibli]\ o]_{especificador}\ filia$

Neste capítulo é ainda apresentada uma hipótese de codificação das propriedades das unidades lexicais, que integra uma aplicação da proposta de formalização das propriedades com relevância morfossintática, intitulada assinatura categorial.

SUGESTÕES DE LEITURA

Di Sciullo e Williams (1987) é uma referência incontornável na discussão acerca do conceito de palavra. Aronoff (2007) é também uma referência interessante.

Booij (2005) apresenta uma visão global acerca da natureza das palavras e da relação do léxico com outras componentes da gramática, e em

Wunderlich (2006) encontramos um conjunto de textos que discutem o progresso da Teoria Lexical.

Quanto a aspectos mais particulares, pode referir-se que o Surrey Morphology Group criou uma página dedicada aos traços gramaticais, em que são discutidas questões gerais: KIBORT, A. & CORBETT, G. *Grammatical Features*, 25/01/2008 [Disponível em www.grammaticalfeatures.net/index.html].

Sobre subespecificação das unidades lexicais, cf. Pustejovsky (1992 e 1998).

Sobre o conceito de gramaticalização, cf. Hopper e Traugott (2003) e Brinton e Traugott (2005).

Capítulo III

Problemas de categorização

No capítulo anterior apresentamos uma descrição das unidades lexicais que faz largo uso de diversos tipos de categorias, sem discutir a sua natureza e fronteiras. A categorização é um instrumento básico do conhecimento, aquele que permite encontrar semelhanças na diversidade e estabelecer diferenças entre entidades próximas[97]. Por essa razão, a estipulação de categorias ou a sua adoção são momentos críticos na produção de conhecimento.

O presente capítulo traz à discussão algumas das categorias relevantes para a descrição do léxico. Admitindo que, neste domínio, a inter-relação dominante é provavelmente a que se estabelece entre as classes de palavras e as categorias que delas dependem, começaremos com uma revisão sobre classes de palavras e veremos, em particular, o que diz respeito à distinção entre verbos e nomes e à especificidade da oposição entre substantivos e adjetivos.

Em seguida, trataremos do gênero, categoria que se relaciona com a distinção entre flexão e derivação (particularmente relevante no domínio da morfologia, mas que tem início na categorização lexical) e, por último,

---

97. Sobre categorização linguística, veja-se Taylor (1989), para quem "a categorização é fundamental para qualquer atividade cognitiva superior" (p. 1 – Tradução nossa).

veremos questões de natureza morfofonológica, particularmente relacionadas com alomorfia.

1 CLASSES DE PALAVRAS: NOMES E VERBOS

A categorização é um instrumento básico do conhecimento, um recurso da análise que permite encontrar semelhanças na diversidade, mas estabelecer categorias é uma tarefa difícil, que, à semelhança de Taylor (1989: 2), podemos remeter para o estrito domínio da convenção[98], qualquer que seja a fundamentação teórica ou extralinguística que possa ser invocada. A abordagem clássica, de inspiração aristotélica, vê as categorias como combinações de propriedades necessárias e suficientes, que estão presentes ou ausentes. Essas categorias têm fronteiras claramente definidas e todos os seus membros têm idêntico estatuto. A esta se pode contrapor a perspectiva prototípica. Neste quadro, as categorias não têm fronteiras claramente definidas e podem mudar. Nem todos os membros de uma categoria têm idêntico estatuto: alguns são membros prototípicos, outros são membros marginais e há condições de pertença a uma dada categoria – algumas categorias permitem apenas dois graus de pertença (o positivo e o negativo), enquanto outras permitem uma escala de valores mais alargada, definida com base na relação de semelhança que uma dada entidade estabelece com o protótipo, ou seja, com o melhor exemplo que define essa categoria. Provavelmente, a abordagem clássica permite resolver a maior parte das questões que se colocam à categorização das unidades lexicais, mas a perspectiva prototípica responde melhor nos casos em que a fronteira não é tão nítida. Um desses casos é o que diz respeito ao elenco das **classes de palavras**.

---

[98]. "It is commonly asserted – by linguists, anthropologists and others – that categories have neither a real world nor a perceptual base. Reality is merely a diffuse continuum, and our categorization of it is ultimately a matter of convention." ("Os linguistas, os antropólogos e outros afirmam comumente que as categorias não têm nem uma base real nem perceptiva. A realidade é um contínuo difuso e a categorização que dela fazemos é, em última análise, do domínio da convenção" – Tradução nossa).

As palavras podem ser classificadas de muitas maneiras, considerando propriedades muito distintas (fonológicas, morfológicas, etimológicas, discursivas), mas o termo *classe de palavras* diz respeito à classificação de base, que é tão relevante do ponto de vista lexical, quanto morfológico e sintático. Segundo Haspelmath (2001), o elenco de classes de palavras a considerar não difere muito do que surgiu com os gramáticos da Grécia Antiga, incluindo geralmente as seguintes[99]:

(1) NOME[100] *céu, memória, começo*
VERBO *construir, deitar, aprender*
ADJETIVO *leve, verde, grego*
ADVÉRBIO *depressa, pouco, levemente*
PRONOME *ele, essa, nada*
APOSIÇÃO[101] *de, por*
CONJUNÇÃO *mas, se, nem*
NUMERAL *dois, terceiro*
ARTIGO *a, um*
INTERJEIÇÃO *ai*

À definição destas categorias, usadas na descrição da generalidade das línguas, colocam-se diversos tipos de problemas. Haspelmath (2001) identifica três: o primeiro diz respeito a questões de fronteira – há palavras que exibem comportamentos próprios de várias classes; há classes que incluem palavras com comportamentos muito distintos, como os verbos principais

---

99. Os exemplos do Português são nossos.
100. Vale a pena notar que a distinção, disponível em Inglês, entre "*noun*" e "*name*" não tem equivalente no Português, sendo neutralizada pela palavra "nome". A distinção entre nome próprio e nome comum não recobre a distinção *entre* "*noun*" e "*name*". A palavra "*name*" pode ser traduzida no Português por "nome próprio", mas este não é um termo gramatical. Em Inglês, a categoria "nome próprio" é designada como "*proper noun*".
101. O termo aposição abrange as preposições e as posposições. O Português não conhece posposições.

e os auxiliares, por exemplo; e há classes diversas que não se distinguem de forma convincente, como os pronomes ou os numerais. O segundo problema diz respeito ao peso relativo destas classes de palavras: adjetivos, nomes, verbos e alguns advérbios[102] são classes potencialmente abertas, formadas por um grande número de elementos, cuja frequência de uso é baixa, enquanto as restantes classes são finitas, constituídas por um pequeno número de palavras, usadas com muita frequência. O terceiro problema diz respeito ao fato de se pretender alcançar para cada classe de palavras uma definição universal a partir de dados de línguas particulares, mas que não são comuns a todas as línguas[103].

As dificuldades na categorização das unidades linguísticas, que mereceram a Rauh (2010) um comentário irônico[104], revelam-se, desde logo, nas escolhas terminológicas. *Classes de palavras*, designação introduzida pelo estruturalismo da primeira metade do século XX[105], é aquela que preferimos, em detrimento de outras, como *partes da oração*[106], *categorias sintáticas*[107] ou *categorias lexicais*[108]. O problema reside no fato de todas estas

---

102. A classe dos advérbios inclui subclasses com comportamentos bastante distintos, o que complica ainda mais a sua definição.

103. Segundo Haspelmath (2012), a universalidade das classes de palavras é conduzida como uma tentativa de encontrar as categorias do Inglês ou do Latim em todas as outras línguas.

104. Rauh (2010): "*When considering what linguists say about categories, no clear pictures emerges*". ("Nenhuma imagem clara emerge do que os linguistas dizem acerca das categorias" – Tradução nossa).

105. O termo aparece em Bloomfield (1914: 108).

106. Tradução da expressão latina *pars orationis*. Segundo Haspelmath (2001), esta designação, que originalmente referia os constituintes frásicos, ainda é usada mas é bastante opaca.

107. O termo "categoria sintática" pode ser usado como equivalente de classe de palavras, mas também pode incluir as categorias sintagmáticas, o que torna o seu uso mais equívoco.

108. O termo "categoria lexical" é predominantemente usado em oposição a "categoria funcional". Nesta acepção, são categorias lexicais as classes abertas (i.e. substantivos, adjetivos, verbos e alguns advérbios) e são categorias funcionais todas as outras. Noutra acepção, "categoria lexical" tem um valor mais englobante e diz respeito não apenas às classes de palavras, mas também a todas as categorias de propriedades não deriváveis das unidades lexicais, sejam palavras ou não.

designações poderem ser usadas como sinônimas ou como conceitos distintos. O segundo problema diz respeito à distinção entre classes abertas e classes fechadas, que também podem conhecer outras designações (cf. palavras com conteúdo referencial *vs.* palavras gramaticais, p. ex.), distinção que recobre a oposição entre nomes e verbos, por um lado, e todas as outras classes, por outro. Também aqui há divergências, que passam, com evidente facilidade, para a identificação das próprias classes de palavras. O exemplo óbvio diz respeito às classes dos nomes e dos verbos, pelo que vale a pena procurar compreendê-las num quadro mais alargado e do ponto de vista da história da gramática do Português.

A terminologia gramatical do Português assenta numa remota herança da tradição gramatical latina, reelaborada para apoiar a escrita e toda a estruturação da reflexão sobre a língua e o seu ensino. Por ter sido constituída ao longo de vários séculos, acumula usos heterogêneos e reflete diversos estádios do conhecimento metalinguístico. A natureza compósita deste *corpus* terminológico reforça-se à medida que cada autor inscreve na tradição novas definições para palavras que acumulam séculos de uso.

A terminologia gramatical latina foi constituída a partir do contato com a retórica e as descrições gramaticais da língua grega (Dionísio Trácio, fl. II a.C.). A expansão e dispersão da língua latina num vasto império obrigaram a reflexões normativas e gramaticais, que se robusteceram na tradução e decalque dos termos gregos. Os termos latinos mais antigos não eram especificamente metalinguísticos e revelaram-se polissêmicos. *Nomen* deriva do verbo *gnoscere* ("conhecer") e partilha com o grego *onoma* o mesmo valor comum que ainda se registra nas línguas românicas (cf. Port. *nome*, It. *nome*, Cast. *nombre*, Fr. *nom*). Em Latim podia ter como sinônimo de *vocabulum* (do verbo *vocare*, "chamar", "nomear"). *Verbum* era especialmente plurissignificativo, podendo designar qualquer palavra, expressão ou frase (dado que apresenta a mesma raiz do Gr. εἴρω, "dizer" e ῥῆμα "palavra dita", "frase").

A partir de Varrão (fl. I a.C.), estes termos adquirem um valor metalinguístico mais restrito: por oposição a *nomen*, *verbum* designava as palavras que não referem uma entidade e era reservado para os verbos (Varr. L., L. 8, § 11). Os gramáticos latinos tardios, com destaque para Quintiliano (I d.C.), Donato (IV d.C.) e Prisciano (V d.C.) importaram terminologias específicas das gramáticas do Grego. Adjetivo (de *adjicere*, "colocar ao lado") é uma tradução literal do grego *epitheton* (Macrobius, século IV d.C.), que servia para identificar as palavras que quantificam ou qualificam nomes de substâncias ou nomes de pessoas. Em Prisciano, "substantivo" de *substantia* ("essência", "material constitutivo") ainda não significava "nome". Era um qualificativo que identificava os nomes comuns (*appellatiuis, quae substantiam significant*, "que significam algo que existe") e o verbo *esse* "ser", quando não era auxiliar (*verbum substantivum*).

Ao longo da Idade Média, enquanto o Latim foi objeto de escolarização e de uma continuada tradição gramatical, a atenção às outras línguas foi praticamente residual na Europa Ocidental. A valorização das línguas vulgares a partir do século XIV apoiou-se na tradição latina e uniformizou a gramatização das línguas românicas, do Inglês e de centenas de línguas extraeuropeias. Há testemunhos deste decalque para Português em textos didáticos, como as *Reglas para Enformarmos os menynos en Latin* (Ms. Oxford, BL, Digby 26).

A gramática de Fernão de Oliveira (1534) é um caso raro de tentativa de constituição de uma terminologia portuguesa, elaborada de acordo com um modelo de descrição latino, mas que reflete sobre o Português. Por exemplo, em vez de aplicar a terminologia de Varrão (*De Lingua Latina*), que distingue palavras simples, compostas, primitivas ou derivadas, propõe dicções *apartadas, juntas, primeiras* e *tiradas* (cf. OLIVEIRA, 2012 [1534]: C4r-C4v). Em Latim, as funções gramaticais na frase eram realizadas morfologicamente pela flexão de caso (nominativo, acusativo). Considerando o Português, Oliveira propõe as designações de caso prepositivo e pospositivo, que repercutem a importância da ordem das palavras na frase. Também propõe a substituição de genitivo por possessivo, que seria um termo de interpretação mais transparente. Para *nome* e *verbo* mantém uma terminologia mais próxima do Latim, que julga suficientemente explicativa: o nome é "comum ou próprio, adjetivo e sustantivo, e o verbo pessoal ou impessoal" (D4r). A *Grammática* de João de Barros, publicada poucos anos depois, segue uma categorização semelhante:

> Nome sustantiuo chamamos áquelle que per sy póde estar. e nam reçébe ésta paláura, cousa. Nome aietiuo ao que nam tem ser per si: mas está emcostádo ao sustantiuo, e póde reçeber em sy esta paláura, cousa, como quando digo, ó que fermoso cauálo, que bráuo touro. [...] E diremos, cousa fermósa, cousa bráua (BARROS, 1540: 6).

Esta quebra na continuidade da tradição não foi, porém, bem-recebida. Os gramáticos dos séculos XVII e XVIII, desejosos de enobrecerem o Português, aplicaram na máxima extensão o enquadramento teórico herdado da gramática latina. O renascimento motivou o regresso aos tratados antigos de Varrão, Quintiliano e Prisciano e à sua reintegração num discurso gramatical mais complexo e fundamentado, que procurou generalizar para todas as línguas conhecidas os modelos explicativos, as categorias e a terminologia. A partir dos trabalhos de Escalígero (*De Causis Linguae Latinae*, 1540) e Francisco Sánchez (*Minerva Sive de Causis Linguae Latinae*, 1587), a gramática passou a reclamar-se universal e interlinguística. A definição e a análise das categorias apresentadas por Sánchez tornaram-se paradigmáticas para a descrição contrastiva das línguas modernas, estabelecendo, por exemplo, que o gênero dos substantivos e o gênero dos adjetivos são realidades distintas:

> Os adjectivos não têm gênero, apenas terminações, ou, como se diz na gramática, máscaras para cada gênero, de forma que a terminação us se adapta ao masculino, a ao feminino e um ao neutro. Assim, o gênero apenas existe nos substantivos e, uma vez conhecido o gênero, procuramos a terminação para o adjectivo (SÁNCHEZ, 1587: Liv. 1, cap. 7[109].

Em Portugal, o principal testemunho da recepção desta corrente é de Amaro Reboredo no *Metodo Gramatical para todas as Linguas* (1619), Rai-

---

109. Tradução nossa, a partir do texto latino fixado em SÁNCHEZ SALOR, E. & CHAPARRO GÓMEZ, C. (orgs.) (1995). *Francisco Sánchez de las Brozas – Minerva o de causis linguae latinae*. Cáceres.

zes da lingua latina (1621) e a *Porta de línguas* (1623), que adaptou ao Português métodos de ensino paralelo das gramáticas latina e vulgar. Uma das consequências desta universalização foi a redução a cinco partes da oração (nome, preposição, verbo, advérbio, conjunções). A categoria "nome" passou a abranger os "substantivos" e os "adjetivos", incluindo estes últimos todas as palavras declináveis que não são substantivos.

A valorização das línguas nacionais no século XVIII traduziu-se na proposta de o ensino começar pela língua materna, para depois facilitar a compreensão do Latim, o que supõe um estrito paralelismo das codificações gramaticais. Na gramática pedagógica de Jerónimo Contador de Argote (1721), *Regras da lingua portugueza, espelho da lingua latina*, as categorias são as tradicionais, mas assinala-se uma autonomização das designações de substantivo e adjetivo, que formalmente continuam a ser apresentadas como subcategorias do nome, embora comecem a ganhar autonomia enquanto termos metalinguísticos.

Este exercício de criação de uma tradição gramatical portuguesa abriu o caminho para uma mais profunda redefinição das categorias, que se virá a registrar na *Gramática filosófica*, de Jerónimo Soares Barbosa (1822). Neste texto, as partes elementares do discurso, que têm a função de "caracterizar e propor as diferentes espécies de ideias, que entrão no painel do pensamento, e as diferentes espécies de relações, que as unem para dellas fazerem hum todo Lógico", são nome substantivo, nome adjetivo, verbo substantivo, preposição e conjunção. A interjeição entra na categoria das partes não discursivas.

> Os Substantivos propõem as ideias principaes.
> Os Adjectivos as accessorias como objectos dos nossos discursos para se combinarem e compararem.
> O Verbo Substantivo combina e ajunta a idea accessoria com a principal, o attributo digo, com o sujeito da proposição [...].
> O Adjectivo sim he huma parte Nominativa porem de differente especie da do nome Substantivo.
> A Preposição combina entre si duas ideas principaes fazendo de huma complemento de outra; e a Conjuncção combina liga e ordena as orações entre si.

> Comtudo muitos Grammaticos e os nossos especialmente não contão os Adjectivos como especie separada do nome e contão os Pronomes Artigo Participios e Adverbios como partes elementares de especie differente da dos adjectivos e preposições (BARBOSA, 1830: 107).

A tradição que chegou à nossa contemporaneidade não fez grandes inovações. O uso quase exclusivo das etiquetas "substantivo" e "adjetivo" nas nomenclaturas gramaticais adotadas no Brasil e em Portugal, no decorrer dos últimos cento e cinquenta anos, deixou o termo "nome" livre para ser recuperado pela linguística de inspiração norte-americana, não com o seu valor de hiperônimo, mas como alternativa a substantivo[110]. A recuperação dos três termos, tal como usados em Barbosa, pode, no caso do Português, ser de evidente utilidade, dado que permite distinguir as duas classes (i.e. substantivos e adjetivos) e identificar uma terceira (a dos nomes) que inclui as duas anteriores, indo ao encontro das necessidades expostas pela descrição dos dados, como foi afirmado no capítulo anterior, a propósito da categorização dos radicais:

(2) nomes { substantivos

adjetivos

Mas, mais do que a questão terminológica, deve-se considerar a questão substancial. Haspelmath (2012) defende que a tradição greco-latina opõe as classes não flexionáveis às flexionáveis – nestas últimas, os verbos aos nomes; e nos nomes, os substantivos aos adjetivos –, descreve adequadamente as línguas para as quais foi pensada e provavelmente também a generalidade das línguas indo-europeias. Consequentemente, essa taxonomia

---

110. Haspelmath (2012) comenta o uso de nome e substantivo nas terminologias inglesa e alemã da seguinte forma: "*For some reason, substantives came to be called* nouns *in English (where the term* substantive *is rarely used), while in German, the term* nomen *fell out of (common) use*". ("Por alguma razão, os substantivos foram designados *nouns* em Inglês (língua que raramente usa o termo *substantive*), enquanto em Alemão, o termo *nomen* foi posto de parte pelo uso (comum)" – Tradução nossa).

é também adequada ao Português e é, aliás, consentânea com as possibilidades abertas pela codificação das categorias sintáticas a partir dos traços "nominal" e "verbal", proposta no quadro da Teoria dos Princípios e Parâmetros[111], que, como qualquer codificação binária, permite construir classes de classes. Neste caso, os substantivos [+N, -V] e os adjetivos [+N, +V] formam a classe dos nomes [+N] e os adjetivos [+N, +V] e os verbos [-N, +V] formam a classe dos predicadores [+V]. No Português, as classes flexionáveis (que são também as classes abertas) são aquelas que recebem pelo menos um valor positivo para os traços [N] e [V][112]:

(3)

	Nomes		Verbos
	Substantivos	Adjetivos	Verbos
Nominal	+	+	-
Verbal	-	+	+
		Predicadores	

Essa categorização das classes de palavras, mais ou menos consensual, mais ou menos adequada ao Português, pode, no entanto, também ser posta em causa. Problemas suscitados pela classificação de palavras como o infinitivo, o gerúndio ou o particípio, pelo uso adverbial de adjetivos, tal como a existência de subclasses de substantivos ou de adjetivos não homorgânicos indicam que as classes de palavras tradicionalmente reconhecidas constituem matéria que pode e deve ainda vir a ser discutida.

2 GÊNERO

O gênero é uma categoria gramatical frequentemente entendida como universal e como extralinguisticamente motivada, mas nenhum desses

---

111. Esta classificação também inclui uma combinação negativa dos traços [N] e [V], que identifica as preposições. Essa hipótese não é aqui discutida. Por restrições de tempo e de espaço tratamos apenas de nomes e verbos.
112. Agradecemos ao Gabriel de Ávila Othero essa observação.

pressupostos encontra real fundamento. Corbett (2005 e 2011) refere que, num universo de 256 línguas, mais da metade (144) não possui um sistema de gênero; que 50 têm um sistema com dois valores, 26 línguas dispõem de três valores e quatro valores ocorrem em 12 línguas; as 24 línguas restantes têm sistemas de gênero com cinco ou mais valores. Esses dados são interessantes também para entender a semântica do gênero gramatical, dado que, segundo o mesmo autor, 84 línguas (do total de 256) têm um sistema de gênero baseado em sexo e nas restantes 28, o sistema está relacionado com a animacidade. No entanto, a relação semântica só é dominante, para a atribuição de um valor de gênero aos nomes, em 53 línguas; nas restantes 59, a atribuição dos valores de gênero obedece a critérios de natureza semântica e formal.

É neste quadro que se inscreve a descrição do gênero no Português. Começaremos por tratar dos substantivos e depois veremos os adjetivos, que são assuntos distintos. Pode dizer-se que, à semelhança da generalidade das línguas indo-europeias a que pertence, o gênero dos substantivos do Português tem dois valores (masculino e feminino), atribuídos com base em informação semântica no caso dos substantivos que referem entidades animadas, mas também dependentes de uma componente formal (relacionada com a classe temática a que pertencem) e, ainda, que essa propriedade intrínseca dos substantivos, é sintaticamente relevante, dada a sua participação em mecanismos de concordância. Pode-se, então, estabelecer uma correlação, no domínio dos substantivos que dizem respeito a pessoas ou a animais (referência animada), que estipula uma correspondência entre o gênero feminino, o sexo feminino e o índice temático *-a* e entre o gênero masculino, o sexo masculino e o índice temático *-o*:

(4)   a.   O **acadêmico** não perdoa um erro de ortografia.
               A **acadêmica** não perdoa um erro de ortografia.
               Gosto muito do meu **gato**.
               Gosto muito da minha **gata**.

b. *Um **livro raro** foi ontem **vendido** em leilão.*
    *Uma **revista rara** foi ontem **vendida** em leilão.*

A questão do gênero no Português é, porém, bem mais complexa. Os dois valores disponíveis (masculino e feminino) distribuem entre si a maior parte dos substantivos, mas há também um grande domínio, formado sobretudo por substantivos derivados, que não tem qualquer especificação de gênero no léxico, podendo esta ausência ser vista como um terceiro valor para esta categoria. Esses substantivos, tradicionalmente chamados comuns de dois (e.g. *militante, mártir*), são caracterizáveis como substantivos subespecificados quanto ao gênero e que podem ocorrer, sem qualquer alteração formal, quer em concordância com o masculino, quer com o feminino:

(5) *O respeitado jornalista foi empurrado por três deputados.*
     A respeitada jornalista foi empurrada por três deputados.

Note-se que qualquer um destes domínios (o do masculino, o de feminino e o da subespecificação) compreende substantivos animados e inanimados e membros das diversas classes temáticas, o que torna a relação entre cada um deles e o seu valor de gênero bastante imprevisíveis[113]:

(i) Por critérios semânticos, presume-se que nos substantivos que referem entidades animadas há uma relação sistemática entre gênero masculino e sexo masculino (e.g. *gato*) e entre gênero feminino e sexo feminino (e.g. *gata*), mas ambas as presunções se confrontam com contraexemplos: por um lado, há substantivos masculinos que referem entidades de sexo feminino, como *mulherão*[114]; por outro, *pessoa*, que é um substantivo femini-

---

113. À existência desta relação preferencial e de casos em que ela não se estabelece devem-se a desvios na identificação do valor de gênero quer por crianças em fase de aquisição de linguagem, quer por falantes do Português como língua estrangeira, mas também de falantes nativos, qualquer que seja o seu grau de proficiência, perante palavras que não conhecem.
114. Cf. *A Paula é um **mulherão**.*

no, tanto pode ter como referente uma entidade de sexo masculino quanto de sexo feminino[115]; o mesmo se verifica com ídolo, apesar de ser sempre um substantivo masculino[116]. No plural, a ambiguidade referencial é ainda mais expressiva, dado que o valor genérico do masculino permite, caso não haja outros elementos de desambiguização presentes na frase, que a referência não seja sempre estabelecida com entidades de sexo masculino[117].

(ii) Por critérios semânticos, não é possível fazer qualquer previsão quanto ao valor de gênero dos substantivos inanimados (e.g. *livro, revista*). Os substantivos que referem entidades inanimadas veem-se repartidos, aleatoriamente, pelos gêneros feminino e masculino, exceto nos casos de derivados, dado que o sufixo interveniente determina o valor de gênero[118].

(iii) Por critérios formais, e mais especificamente lexicais, presume-se que substantivos terminados em -*o* são masculinos (e.g. *livro*) e que os substantivos terminados em -*a* são femininos (e.g. *revista*), mas, uma vez mais, ambas as presunções são falsificadas pelos dados: *tribo* termina em -*o*, mas é um nome feminino e *profeta*, que termina em -*a*, é um nome masculino. Por outro lado, há substantivos que possuem gênero masculino, mas não terminam em -*o* (cf. *problema, dente, sal, café*); tal como há substantivos com gênero feminino que não terminam em -*a* átono (cf. *tribo, lente, cal, pá*).

(iv) Por critérios formais, não é possível fazer qualquer previsão quanto ao valor de gênero dos substantivos de tema em -*e* (e.g. *dente* vs. *lente*), tema Ø (e.g. *sol* vs. *dor*) e atemáticos (e.g. *avô* vs. *avó*).

---

115. Cf. *O meu professor de matemática é uma **pessoa** extraordinária.*
     *A minha professora de matemática é uma **pessoa** extraordinária.*
116. Cf. *O ídolo de muitos adolescentes é uma cantora sem voz.*
     O ídolo de muitos adolescentes é um cantor desafinado.
117. Cf. *Os **acadêmicos** não perdoam um erro de ortografia* (homens e mulheres, ou apenas homens).
     *Gosto muito dos meus **gatos*** (machos e fêmeas, ou apenas machos).
118. Cf. O sufixo -ção forma substantivos femininos (e.g. *inovação*), tal como o sufixo -*ismo* forma nomes masculinos (e.g. *pluralismo*).

O quadro seguinte mostra uma sistematização desses dados:

(6)

	MASCULINO		FEMININO		SUBESPECIFICADO	
	ANIMADO	INANIMADO	ANIMADO	INANIMADO	ANIMADO	INANIMADO
Tema em -o	advogado gato	casaco vinho infortúnio		moto	modelo otorrino sargento	
Tema em -a	profeta	antípoda problema	menina criança águia	camisa água	pária especialista	
Tema em -e	infante cônjuge antílope	dente	parturiente	felicidade lente alface	artífice concorrente	componente
Tema ∅	professor	sal trator	mulher	cal luz	furriel mártir avestruz	
⊤	homem mulherão gavião	café	avó	pá	bebê esquimó	

Apesar de toda essa complexidade, não deixa de ser verdade que, no Português, ainda que deteriorada e frágil, existe uma relação preferencial entre o índice temático *-o* e os nomes masculinos e entre o índice temático *-a* e nomes femininos, podendo conjugar-se esses dois fatores com o critério semântico antes apresentado:

(7)

seres animados
$$\begin{cases} \text{sexo masculino} \to \text{gênero masculino} \to \textbf{\textit{-o}} \\ \\ \text{sexo feminino} \to \text{gênero feminino} \to \textbf{\textit{-a}} \end{cases}$$

Se olharmos para fases anteriores da língua, e sobretudo para o Latim, facilmente compreendemos que o sistema de gênero do Português é herdeiro de um sistema de natureza semântica que estabelece uma distinção básica entre entidades animadas e entidades inanimadas, subdividindo as primeiras em entidades de sexo masculino e de sexo feminino. A cada uma dessas classes, esse sistema atribuía um valor de gênero gramatical distinto:

(8) seres { animados { sexo masculino ⟶ gênero masculino
sexo feminino ⟶ gênero feminino
inanimados ⟶ gênero neutro

Tendo em conta descrições como a de Alkire e Rosen (2010), os três valores de gênero (masculino, feminino e neutro), correlacionados com o sistema de declinações, já apresentam perturbações em Latim. O quadro apresentado por esses autores, aqui adaptado com exemplos relevantes para o Português, mostra os casos típicos e casos problemáticos em todas as declinações:

(9)

declinações		MASCULINO	FEMININO	
	1ª	*fratricida, ae* > fratricida *nauta, ae* > nauta	*capra, ae* > cabra *filia, ae* > filha *materia, ae* > madeira, matéria *neptis, is* > neta	
	5ª	*dies, ei* > dia	*caries, ei* > cárie *dies, ei* > dia (singular) *fides, ei* > fé *materies, ei* > madeira, matéria	

		MASCULINO	FEMININO	NEUTRO
declinações	2ª	*amicus, i* > amigo *filius, i* > filho *lupus, i* > lobo *murus, i* > muro	*sapphirus, i* > safira	*ossum, i* > osso *ovum, i* > ovo *templum, i* > templo *vinum, i* > vinho *folia* > folha *ligna* > lenha *opera* > obra
	4ª	*fructus, us* > fruto	*manus, us* > mão *socrus, us* > sogra	*cornu, us* > corno *gelus, us* > gelo

		masculino	feminino	neutro
	3ª	*bos, bouis* > boi *cantor, cantoris* > cantor *dens, dentis* > dente *homo, hominis* > homem *infans, infantis* > infante *panis, panis* > pão *sol, solis* > sol	*finis, finis* > fim *mater, matris* > mãe *mulier, mulieris* > mulher *nauis, nauis* > nave *nubes, nubis* > nuvem *ratio, rationis* > razão *sors, sortis* > sorte	*caput, capitis* > cabeça *corpus, oris* > corpo *latus, lateris* > lado *nomen, nominis* > nome *rete, is* > rede *tempus, oris* > tempo

O sistema das cinco declinações latinas vai continuar a sofrer diversas alterações relacionadas com mudanças fonéticas (monotongação e perda da quantidade vocálica) e com o desaparecimento da flexão casual, fenômenos que acabam por desencadear o desaparecimento do valor neutro. Assim, em Latim Vulgar, os substantivos da 4ª e 5ª declinações migram, respectivamente, para a 2ª e para a 1ª; e os substantivos neutros ganham um valor masculino ou feminino, embora se mantenham na mesma declinação. A combinação desses dois fatos gera um efeito de transformação de um sistema de base semântica num sistema de cariz formal, mas o caminho que se anunciava era o de uma evolução centrífuga e, por isso, cada uma das línguas românicas terá tido os seus problemas para resolver, chegando a soluções por vezes idênticas e por vezes diferentes:

(10)

Lat. *fel, fellis* $_n$	Cast. *hiel* $_f$
	Cat. *fel* $_m$
	Fr. *fiel* $_m$
	It. *fiele* $_m$
	Pt. *fel* $_m$
Lat. *lac, lactis* $_n$	Cast. *leche* $_f$
	Cat. *llet* $_f$
	Fr. *lait* $_m$
	It. *latte* $_m$
	Pt. *leite* $_m$
Lat. *lumen, -inis* $_n$	Cast. *lumbre* $_f$
	Cat. *llum* $_f$
	Fr. *lumière* $_f$
	It. *lume* $_m$
	Pt. *lume* $_m$
Lat. *mare, -is* $_n$	Fr. *mer* $_f$
	Cast. *mar* $_{f>m}$
	Cat. *mar* $_{f>m}$
	It. *mare* $_m$
	Pt. *mar* $_{f>m}$

Na base dessa diversidade estará, decerto, a inexistência de qualquer motivação semântica para a atribuição de um valor de gênero a nomes que referem entidades inanimadas. Note-se que a perturbação resultante da distribuição dos neutros latinos pelos valores de masculino e feminino românicos se alastrou aos nomes latinos de gênero feminino e de gênero masculino, que também sofreram mudanças de gênero nas diversas línguas românicas:

(11)

Lat. *arbor, oris* $_f$	Pt. *árvore* $_f$
	Cast. *árbol* $_m$ Cat. *arbre* $_m$ Fr. *arbre* $_m$ It. *àlbero* $_m$
Lat. *serpens, -entis* $_f$	Cast. *serpiente* $_f$ Pt. *serpente* $_f$
	Cat. *serpent* $_m$ Fr. *serpent* $_m$ It. *serpente* $_m$
Lat. *vallis, -is* $_f$	It. *valle* $_f$ Fr. *vallée* $_f$
	Cast. *valle* $_m$ Cat. *val* $_m$ Pt. *vale* $_m$

(12)

Lat. *caulis, is* $_m$	Cast. *col* $_f$ Cat. *col* $_f$ Pt. *couve* $_f$
	Fr. *choux* $_m$ It. *cavolo* $_m$
Lat. *dolor, -oris* $_m$	Fr. *douleur* $_f$ Pt. *dor* $_f$
	Cast. *dolor* $_m$ Cat. *dolor* $_m$ It. *dolore* $_m$
Lat. *pons, -pontis* $_m$	Pt. *ponte* $_f$
	Cat. *pont* $_m$ Cast. *puente* $_m$ It. *ponte* $_m$ Fr. *pont* $_m$

Note-se, por último, que o valor de gênero também pode mudar no interior de cada uma das línguas românicas, podendo essa mudança manifestar-se diacrônica ou sincronicamente, com diferentes valores de gênero em diversas variedades:

(13)

Lat. *margo, inis* $_{f>m}$	Fr. *marge* $_f$
	Pt. *margem* $_f$
	Cast. *margem* $_{f>m}$
	Cat. *marge* $_m$
	It. *màrgine* $_m$
Lat. *planetae, -arum* $_{m/f}$	Fr. *planète* $_f$
	Cast. *planeta* $_{m/f}$
	Cat. *planeta* $_{m/f}$
	Pt. *planeta* $_{m/f>f}$
	It. *pianeta* $_m$

Português Brasileiro	Português Europeu
avestruz $_m$	*avestruz* $_f$
sanduíche $_m$	*sanduíche* $_f$
entorse $_m$	*entorse* $_f$

A existência de palavras como *personagem*, *alface*, no PB, ou *síndrome* (também *sindroma*) no PE, que são usadas tanto no feminino quanto no masculino, permite ver esse processo de mudança ainda em curso.

A comparação românica deve ainda considerar a relação do gênero com a classe temática, que também mostra uma grande diversidade de soluções encontradas para o desaparecimento da flexão casual. É interessante notar que o Português, seguido do Castelhano, tem o sistema mais complexo, estando o Francês na posição oposta e o Italiano numa posição intermédia:

(14)

		CASTELHANO	ITALIANO	FRANCÊS	PORTUGUÊS
-o	m	caballo	gatto	gigolo	aluno
		fuego	giorno	stylo	olho
	f	mano			tribo
	s	modelo			modelo
-a	m				polícia
		día	poema	panorama	tema
	f	chica	gatta	diva	menina
		cara	mela		perna
	s	artista	artista		artista
-e	m	jefe	padre	frère	infante
		coche	mare	sable	dente
	f	madre	gente	femme	gente
		fuente	luce	pomme	estante
	s	cantante	cantante	paysagiste	agente
zero	m	léon			professor
		árbol			trator
	f	mujer			mulher
		amistad			luz
⊤	m			ami	avô
		jueves	lunedì	univers	chá
	f				avó
		crisis	città	paix	pá
	s			enfant	furriel

Podemos, assim, concluir que o Português possui um sistema de gênero assente numa arquitetura de natureza semântico-formal, mas que está ameaçado, na sua integridade funcional, quer do ponto de vista semântico quer do ponto de vista formal.

Por último, apesar de, como acabamos de ver, todos os substantivos receberem inerentemente uma especificação de gênero, sabe-se que não existe obrigatoriedade de participação em contrastes de gênero[119], que muitos deles estão impedidos de fazê-lo e que, quando é possível, essa variação não tem um comportamento sistemático. Os dados são os seguintes:

(i) só substantivos com referência a entidades animadas podem ser objeto de um contraste de gênero (e.g. *aluno / aluna*). Consequentemente, em pares de substantivos como *porto / porta* ou *chinelo / chinela*, apesar de se registrar o mesmo contraste temático, não existe qualquer relação de variação em gênero;

(ii) nem todos os membros do conjunto dos nomes animados podem ser objeto de um contraste de gênero – por exemplo, *testemunha* e *cônjuge* são nomes invariáveis em gênero ainda que denotem seres animados;

(iii) a realização dos contrastes de gênero, quando possível, é muito diversificada: há contrastes realizados lexicalmente por palavras distintas (cf. 15a) ou por contraste temático (cf. 15b), há contrastes realizados morfologicamente, por derivação (cf. 15c) ou por composição (cf. 15d):

(15) a. *homem / mulher*
cavalo / égua
b. *aluno / aluna*
gato / gata
c. *conde / condessa*
galo / galinha
d. *águia-macho / águia-fêmea*
crocodilo-macho / crocodilo-fêmea

---

119. O único contraste de gênero disponível no Português é entre formas do masculino e formas do feminino, estando em causa uma oposição entre sexo masculino e sexo feminino. Esse tipo de contraste pode ser realizado por diversos meios, de diversa natureza. Em muitos casos existe uma relação morfológica, noutros essa relação não existe, mas existe uma relação lexical.

A fragilidade do sistema de gênero do Português é ainda visível nas mudanças que este quadro de variação tem vindo a sofrer. Com base numa identificação malfundada entre gênero gramatical e sexo, a sociedade contemporânea pretende encontrar no uso da língua um reflexo das mudanças sociológicas. A alteração da relação das mulheres com o mundo do trabalho, ocorrida especialmente na sequência da Segunda Guerra Mundial, a sua maior qualificação acadêmica e a tendência para a equiparação dos direitos e deveres sociais de mulheres e homens são fatores que fazem com que muitas pessoas olhem para as características do sistema de gênero do Português como discriminatórias e sexistas. E daí resulta que tanto se assiste a uma mudança de substantivos com valor masculino ou feminino para um valor subespecificado (cf. 16a), como se encontram tentativas de fazer o inverso (cf. 16b), para além de casos de quase variação livre (cf. 16c):

(16) a. *o soldado*$_m$ → *o / a soldado*$_s$
tenente$_m$ → *tenente*$_s$

b. *presidente*$_s$ → *presidente*$_m$ / *presidenta*$_f$

c. *a juíza*[120]
a juiz[121]

É interessante notar que a tendência para preferir obter contrastes de gênero por subespecificação pode relacionar-se com o fato de o feminino estar frequentemente lexicalizado, podendo designar um domínio do conhecimento (cf. 17a), uma instituição (cf. 17b), ou até uma forma pejorativa de um nome agentivo (cf. 17c):

---

120. "*caso que também envolve **a juíza** Fátima G*" (CRPC).
121. "*Foi o que aconteceu com **a juiz** Isabel B*" (CRPC).

(17) a. *o físico*   *a física*
      b. *o polícia*   *a polícia*
      c. *o sargento*   *a sargenta*

A tendência contrária, exemplificada em (16b) e que não recebe idêntico bom acolhimento por parte dos falantes, corresponde, do ponto de vista formal, à utilização de um recurso comum no Português (contraste temático), mas que é pouco frequente no que diz respeito ao par *-e*, para o masculino, e tema em *-a*, para o feminino[122]. No caso específico dos substantivos formados por *-nte*, uma pesquisa histórica mostra que os contrastes podem surgir[123] (e.g. *infante / infanta*[124]) ou desaparecer no uso (e.g. *comedianta*[125], *parenta*[126]) e podem até subsistir as formas com significados privativos (cf. *governante / governanta*). Trata-se, portanto, de uma tendência sustentada por fatores extralinguísticos.

Em suma, quer o valor de gênero quer a possibilidade de participar em contrastes de gênero (limitada, essa, a substantivos que referem entidades

---

122. Cf. *hóspede / hóspeda, mestre / mestra, velhote / velhota*.

123. É sabido que as palavras que continham os sufixos *-ês* e *-or* não variavam em gênero. Há testemunhos, em textos antigos, de formas masculinas que referem pessoas de sexo feminino e compreende-se que a tendência para o estabelecimento de contraste de gênero está presente já no Latim Vulgar, ao encontrar no *Appendix probi* uma instrução clara: 42. *Pauper mulier non paupera mulier.*
Um outro tipo de evidência desta mudança é o que nos é dado por vestígios de invariabilidade, como no adjetivo *cortês* (que se manteve invariável) ou no gentílico *português*, que se tornou variável, mas só depois da formação do advérbio derivado *portuguesmente*.

124. A forma *infante* foi indistintamente usada para o masculino e para o feminino durante muito tempo:
"foy pera a **infante** e disselhe: – Senhora, eu vî a Çamora a vosso serviço" (CdP)
Os registos da forma *infanta* começam no século XVIII.

125. O *corpus* do Português registra apenas uma ocorrência, no século XVI:
"Se tivera tanta eloquência ou graça como uma **comedianta** que de lá veio."

126. *Parenta* tem usos mais recentes do que *comedianta*, mas são quase sempre literários:
"Protestou de novo que se ela fosse **parenta** da moça" (ALMEIDA: M.A. *Memórias de um sargento de milícias*, 1854).
No CRPC, *parente* tem 2910 ocorrências, enquanto *parenta* registra apenas 26.

animadas) são informações que estão associadas, no seu registro lexical, aos radicais nominais e aos sufixos de nominalização.

3 REPRESENTAÇÃO (MORFO)FONOLÓGICA DAS UNIDADES LEXICAIS

A materialidade fonética dos enunciados linguísticos está, inquestionavelmente, na base do conhecimento das unidades lexicais, no que diz respeito às línguas com expressão oral[127], mas o conhecimento fonológico das unidades lexicais não se esgota na aprendizagem das sequências de segmentos fonológicos e da intervenção dos processos fonológicos que estão na base da realização fonética. Há propriedades idiossincráticas associadas às unidades lexicais, também no domínio do seu conhecimento fonológico.

O conhecimento da natureza fonológica de cada unidade lexical serve a dois propósitos, simultaneamente. Por um lado, garante a possibilidade de realização fonética dessas unidades, mas, por outro, também garante a capacidade de reconhecimento de realizações fonéticas diversas, com origem na variação dialetal e socioletal que possa afetá-las. O exemplo de <queijo> foi já referido a propósito da estabilidade na representação gráfica das palavras, mas pode ser replicado a propósito da sua representação fonológica (i.e. /#keiʒ+u#/), que permite a ditongação no radical (cf. [ˈkejʒu]), sem ou com centralização da vogal (cf. [ˈkɐjʒu]), ou a sua monotongação (cf. [ˈkeʒu]). Boa parte da variação fonética que se regista entre o PB e o PE se situa neste âmbito. Vejamos alguns casos exemplificativos dessa variação fonética obtida a partir de um conhecimento fonológico comum:

---

127. Nas línguas de sinais, a materialização cabe à gestualização dos enunciados linguísticos.

(18)   sistema vocálico (átono)

#kar+et+a#	[ka'reta]	cf. #kar+a#	['kara]
	[kɐ'retɐ]		['karɐ]

#bɛl+ez+a#	[be'leza]	cf. #bɛl+o#	['bɛlo]
	[bɨ'lezɐ]		['bɛlu]
#kɔl+aʒẽj#	[ko'laʒẽj]	cf. #kɔl+a#	['kɔla]
	[ku'laʒẽj]		['kɔlɐ]

sistema consonântico

#bat+i+du#	[ba'tʃidu]	cf. #bat+e+r#	[ba'tex]
	[bɐ'tidu]		
#inped+i+r#	[ĩpi'dʒix]		
	[ĩpe'dir]		
#norm+al#	[nox'maw]		
	[nɔr'mal]		

Para além do conhecimento da sequência fonológica associada a cada unidade lexical, há traços fonológicos idiossincráticos que devem estar lexicalmente associados às unidades lexicais que os suportam. Vejamos o caso das palavras geralmente referidas como proparoxítonas, exemplificadas em (19a). Ainda que os exemplos em (19b) possam não ser habitualmente classificados deste modo[128], num nível mais abstrato de análise, a situação rela-

---

128. A classificação das palavras como oxítonas, paroxítonas e proparoxítonas, ou agudas, graves e esdrúxulas, diz respeito à posição que o acento de palavra ocupa na forma fonética das palavras e que é, respectivamente, a última, a penúltima ou a antepenúltima. Nenhuma palavra pode receber o acento tônico numa posição externa a esta janela das três sílabas finais.
A hipótese aqui consagrada e que está descrita em Mateus e Andrade (2000: 109-128), considera que a atribuição do acento é, no Português, decidida a partir da estrutura morfofonológica das palavras, distinguindo os verbos das restantes classes de palavras.
No caso dos substantivos e adjetivos, o acento é atribuído à última vogal do radical. Como a maior parte dos substantivos e adjetivos do Português são gerados a partir de radicais de

tivamente à posição do acento é absolutamente idêntica: estas palavras são acentuadas na penúltima vogal do radical, devendo a última receber uma especificação lexical que a impedirá de receber o acento (cf. 19c):

(19) a. *cálculo, básico, análise*
cédula, patético, génese
tímido, cíclico, artífice
cólica, sólido, acrópole
súmula, cúbico, cúspide
b. *açúcar*
amável
fútil
c. #baz+i$_{[-ac]}$k+o# → 'baz+ik+o#
#futi$_{[-ac]}$l+ # → 'futil+ #

A especificação lexical da extrametricidade (ou qualquer designação entendida como mais adequada à descrição da acentuação no Português) afeta

---

tema em *-a*, de tema em *-o* ou de tema em *-e*, a maior parte dos substantivos e adjetivos (tanto no singular quanto no plural) recebe o acento na penúltima vogal:

(i) #livr+o#   ['livru]
#gɔl+a#   ['gɔla]
#pɛl+e#   ['pɛli]
(ii) #livr+o+s#   ['livruʃ]
#gɔl+a+s#   ['gɔlaʃ]
#pɛl+e+s#   ['pɛliʃ]

As palavras de tema Ø e as atemáticas são igualmente acentuadas na última vogal do radical, obedecendo ao padrão dominante da acentuação no Português. No entanto, como não há índice temático foneticamente realizado, a sua aparência fonética é distinta da das anteriores palavras, sendo caracterizadas como palavras agudas:

#ʁais+#   [ʁa'iʃ]
#motor+#   [mo'tox]

No plural, essas palavras têm o comportamento esperado nas palavras graves:

#ʁais+e+s#/ [ʁa'iziʃ]
#motor+e+s# [mo'toriʃ]

179

um número relativamente pequeno de palavras, muitas delas derivadas por sufixação. Esta sobrecarga de informação associada a algumas palavras não deixará de estar relacionada com a ocorrência de fenômenos de supressão da vogal pós-tônica não final. Palavras como *abóbora* são frequentemente citadas a este propósito, mas a diacronia também oferece bons exemplos:

(20) *abóbora*   [a'bɔbrɐ]
      Lat. OCULU-   > *olho*
      Lat. TRAGULA > *tralha*

Um segundo tipo de idiossincrasia de natureza fonológica é a que diz respeito à ocorrência de fenômenos de haplologia, que está documentada em relação ao Português em casos isolados, como *tragicômico* ou *semínima*. A especificação lexical destas palavras não requer nenhuma informação particular – trata-se de palavras complexas lexicalizadas, cuja forma fonética contém a supressão de uma sílaba (cf. *trágico+cômico*; *semi+mínima*). O caso mais interessante diz respeito à sufixação em -*os(o/a)* e -*deir(o/a)*, em palavras como as seguintes:

(21) a. *bon[da]d]$_{RS}$oso*
          cari[da]d]$_{RS}$oso
          habili[da]d]$_{RS}$oso
          mal[da]d]$_{RS}$oso
          pie[da]d]$_{RS}$oso
          sau[da]d]$_{RS}$oso
          vai[da]d]$_{RS}$oso
      b. *her[da]]$_{TV}$deiro*
          hospe[da]]$_{TV}$deiro
          ren[da]]$_{TV}$deiro
          remen[da]]$_{TV}$deiro

Nesses dois casos, o corte afeta uma sílaba foneticamente idêntica (i.e. [da]), que precede a mesma consoante [d], mas seguida de diferentes vogais (i.e. [o], no primeiro caso, e um ditongo [ej], no segundo). No primeiro caso, a sílaba suprimida faz parte do sufixo de nominalização deadjetival *-idad(e)*; no segundo caso, corresponde à última sílaba do radical verbal derivante. Não só não existem semelhanças substantivas entre as circunstâncias de (21a) e de (21b), como ainda se encontram formas com idêntica estrutura, mas não afetadas pela haplologia:

(22) *cuidadoso*[129]

O terceiro tipo de idiossincrasia diz respeito à variação alomórfica, que pode afetar os radicais ou os afixos. A alomorfia pode ser vista como resultado de uma diacronia divergente, ou como consequência da intervenção de processos fonológicos ou morfofonológicos. Vejamos o caso do prefixo *in-*. Como é sabido, esse prefixo associa-se preferencialmente a adjetivos – o segmento fonológico que se encontra no início do adjetivo base pode ser uma vogal, uma consoante oclusiva ou fricativa ou uma consoante lateral, vibrante ou nasal. A realização fonética do prefixo é sensível à qualidade desse segmento, mas o mesmo se verifica com a sequência [in], qualquer que seja seu estatuto e posição na palavra:

(23) a. [i$n+a]*bil*   cf. *incl*[i$n+a]*r*
       [i$n+e]*xperiente* cf. *m*[i$n+e]*ral*
       [i$n+i]*gualável*   cf. *ret*[i$n+i]*r*
       [i$n+o]*portuno*   cf. *r*[i$n+o]*ceronte*
       [i$n+u]*ltrapassável* cf. *m*[i$n+u]*cia*

---

129. Há registos mais antigos da forma *cuidoso* (s. 14).

b.	[ĩ\$+]*próprio*	cf. s[ĩ\$+]*patia*
	[ĩ\$+]*tolerável*	cf. v[ĩ\$]*tena*
	[ĩ\$+]*capaz*	cf. br[ĩ\$]*cadeira*
	[ĩ\$+]*batível*	cf. s[ĩ\$]*bólico*
	[ĩ\$+]*demonstrável*	cf. l[ĩ\$]*do*
	[ĩ\$+]*governável*	cf. v[ĩ\$]*gança*
	[ĩ\$+]*flexível*	cf. l[ĩ\$]*fa*
	[ĩ\$+]*certo*	cf. pr[ĩ\$]*cipal*
	[ĩ\$+]*vulgar*	cf. [ĩ\$]*verno*
	[ĩ\$+]*justo*	cf. n[ĩ\$]*ja*
c.	[i\$+]*legal*	cf. f[ĩ\$]*landês*
	[i\$+]*real*	
	[i\$+]*material*	
	[i\$+]*numerável*	

O contexto de fronteira de palavra é recorrentemente importante no que diz respeito à alomorfia dos sufixos. Casos como [vɛl][130] ~ [bil] ilustram esta condição: o primeiro ocorre numa fronteira morfológica de palavra, mesmo quando não está numa posição fonológica final; o segundo ocorre nos contextos complementares, ou seja, quando não está em posição de final de palavra morfológica. Por outras palavras, o alomorfe *-vel* ocorre na forma dos adjetivos (e pode ver-se quer quando se encontra em posição final absoluta, como em *amável* e *aceitável* (cf. 24a), quer quando os adjetivos são selecionados por um sufixo derivacional como *-mente* ou por um sufixo modificador como *-zinh(o/a)* (cf. 24b); o alomorfe *-bil* ocorre nos radicais adjetivais (e pode ver-se nas formas *amabil-* e *aceitabil-* quando selecionadas por sufixos derivacionais como *-idade* ou por sufixos modificadores como *-íssim(o/a)* (cf. 24c)).

---

130. A forma fonética deste sufixo no plural (cf. *amá*[vej]*s*, *aceita*[vej]*zinhos*) é produzida pelos mecanismos fonológicos que afetam todas as palavras terminadas em [l]. A comparação com uma palavra como *anel* mostra essa semelhança (cf. *an*[ej]*s*, *an*[ej]*zinhos*).

(24)   a.   *amá*[vɛl], *amá*[vej]*s*
             aceitá[vɛl], *aceitá*[vej]*s*
      b.   *ama*[vɛl]*mente*
             aceita[vɛl]*zinho, aceita*[vej]*zinhos*
      c.   *ama*[bil]*íssimo*
             aceita[bil]*idade*

Um caso semelhante é o que diz respeito ao sufixo -ção. Nesse caso, o alomorfe que ocorre na fronteira morfológica da palavra depende, em boa parte, da generalização fonológica que afeta todas as palavras terminadas em -ão, no Português, mas a comparação com o alomorfe que ocorre nos contextos complementares (i.e. [siõ]) mostra que a neutralização do ditongo nasal não explica tudo:

(25)   *abolir*   *aboli*ç*ão*   *aboli**cion**ismo*
        proibir   *proibição*   *proibi**cion**ista*
        civilizar   *civilização*   *civiliza**cion**al*
        estar   *estação*   *esta**cion**ar*

A alomorfia pode também afetar radicais. Vejamos o seguinte exemplo:

(26)   *dogm*]*a*   *dogmat*]   *ismo*   cf. *dogm*]   *atismo*
        dram]*a*   *dramat*]   *urgo*   cf. *dram*]   *aturgo*
        pâncre]*as*   *pancreat*]   *ite*   cf. *pancre*] *atite*
        problem]*a*   *problemat*]   *izar*   cf. *problem*] *atizar*
        tem]*a*   *temát*]   *ico*   cf. *tem*]   *ático*

A análise dessas formas exige a consideração de duas hipóteses: a primeira considera que os radicais são realizados por dois alomorfes, o mais curto ocorre tipicamente nas palavras simples (cf. *dogm-, dram-, pancre-, problem-, tem-*), o mais longo (cf. *dogmat-, dramat-, pancreat-, problemat-, temat-*) ocorre tipicamente em palavras complexas; a segunda considera que a alomorfia cabe aos sufixos (cf. *-atismo, -atite, -atizar, -ático*) ou a radicais neoclássicos (cf. *-aturgo*). Considerando que este problema se coloca em relação a um número restrito de radicais[131], a primeira hipótese parece ser mais econômica. Há, no entanto, radicais que não pertencem ao grupo anterior e dão origem a palavras em que ocorre o sufixo alargado (cf. *asnático*) e também há ocorrência de palavras derivadas de radicais deste tipo que permitem a derivação curta e longa, por idêntica sufixação (cf. *sistemático* e *sistêmico*). É, pois, possível que a primeira hipótese seja a mais adequada à descrição da maior parte destes dados, mas que o aparecimento de alomorfes destes sufixos seja possível, por metanálise das formas derivadas (cf. *-ico vs. -ático*) e é igualmente possível que a disponibilidade dos radicais curtos também favoreça o aparecimento de derivados curtos, nos casos em que semanticamente essa duplicação se justifica (cf. *sistemático vs. sistêmico*).

RESUMO DO CAPÍTULO

Neste capítulo apresentamos uma discussão acerca da classificação das palavras, historicamente enquadrada, no âmbito da historiografia da gramática do Português, procurando argumentos que justifiquem as escolhas feitas na nossa própria descrição. Olhamos, em particular, para a oposição maior entre verbos e nomes, e defendemos que é no domínio da classe dos nomes que se estabelece a distinção entre substantivos e adjetivos.

Tratamos também do gênero, particularmente do gênero dos substantivos. Procuramos mostrar que o sistema de gênero disponível no Português tem um caráter misto, de base semântica e formal, e que essas duas componentes estão ameaçadas na sua funcionalidade.

---

131. Esses radicais têm, aliás, características etimológicas homogêneas, mas essa é uma informação complementar que pode ou não ser levada em consideração.

Por último, apresentamos uma breve caracterização do papel da fonologia na caracterização das unidades lexicais, dando especial atenção às questões de alomorfia.

SUGESTÕES DE LEITURA

A discussão acerca da tradição clássica na classificação das palavras pode ser complementada pela leitura de Neves (2011). Haspelmath (2012) apresenta uma distinção de natureza mais conceptual.

Corbett (1991) e Holmes e Meyerhoff (2003) são leituras importantes sobre gênero gramatical.

Quanto às questões de representação morfofonológica, cf. Mateus e Andrade (2000).

Capítulo IV

Lexicografia e descrição do léxico

Na descrição do léxico, se procurarmos contemplar as características particulares que vêm sendo enunciadas nos capítulos anteriores, deparamo-nos com um enorme volume de informação, geralmente difícil de sistematizar e de apresentar para um público que não seja especializado.

Os linguistas não se satisfazem com a representação lexicográfica tradicional, mesmo quando se trata de dicionários que aproveitam parcialmente o resultado de investigação lexicológica. Por isso, é comum que se trace uma fronteira disciplinar entre a lexicologia e a lexicografia: a primeira dedicada à investigação sobre o léxico, a segunda dirigida à produção de dicionários. Ou, se considerarmos a compilação de dicionários fundados em trabalho lexicológico cientificamente validado, a lexicografia é um resultado da lexicologia aplicada.

Os dicionários são documentos prescritivos, que oferecem uma perspectiva subjetiva da língua e do léxico e, apesar das promessas de exaustividade, estão longe de reunir as palavras em uso num determinado período histórico e desconsideram inúmeras variedades dialetais, diafásicas e tecnoletais. Devemos até admitir que a representação do léxico é desproporcionada, na medida em que geralmente não fornece indícios da frequência ou adequação comunicativa das palavras. A exploração das possibilidades derivacionais para alargar o número de verbetes implica a dicionarização de palavras possíveis e bem-formadas, mas sem frequência de uso assinalável. Sem documentação e atestações, os dicionários de língua funcionam como prontuários de admissibilidade formal, um testemunho de um conhecimento normalizado e normalizador sobre as palavras, mas potencialmente desligado do uso que delas faz a comunidade linguística.

A descrição lexicográfica reflete os objetivos do lexicógrafo, os métodos de compilação e as fontes documentais disponíveis. Esta formulação, aparentemente óbvia, torna-se necessária para recordar que nenhum dicionário, antigo ou moderno, é uma representação extensa e exata do léxico, mas sempre um recorte condicionado pela perspectiva de quem o edita.

Os principais dicionários de referência do século XX foram casos de lexicografia de autor (cf. Francisco José Cardoso Júnior, Augusto Moreno, José Pedro Machado, Cândido de Figueiredo, Aurélio Buarque de Holanda), que valorizavam a competência linguística do lexicógrafo e uma autoridade normalizadora de um conhecimento fundamentado da história das palavras e dos seus usos corretos, independentemente dos usos efetivos da maioria dos falantes.

O tratamento empírico e assumidamente subjetivo dos dados tem sido substituído por métodos regulamentados, auxiliados pela informática, que oferecem informação linguística validada por critérios mais uniformes. A descrição do léxico nos dicionários modernos obedece a métodos uniformizados e beneficia de uma abundância de dados que apenas se tornou possível com o contributo da informática.

A lexicografia "científica" procura apoiar a descrição da língua em critérios validados por ciências complementares como a lexicologia (que inclui os resultados dos estudos em morfologia, sintaxe e semântica) ou o processamento computacional da linguagem, evitando avaliações metalinguísticas que revelam explicitamente a interpretação idiossincrática do lexicógrafo. Por sua vez, os dicionários normativos cumprem uma função socialmente reconhecida e continuarão a existir sob uma aparência de neutralidade científica, tendendo a desviar o foco da autoridade para os testemunhos recolhidos em *corpora*, ainda que selecionados pela percepção arbitrária do dicionarista.

1 FONTES DICIONARÍSTICAS PARA A HISTÓRIA DO LÉXICO

A maior disponibilidade de *corpora* textuais diacrônicos tem desvalorizado o uso de dicionários como testemunhos para a datação e análise semântica do léxico. Os textos literários, os tratados técnicos e os relatos históricos prometem um menor hiato temporal entre o momento da redação e a divulgação do texto impresso, além de uma maior diversidade de registros da língua escrita.

Para a língua portuguesa, quase não há testemunhos dicionarísticos anteriores ao advento da imprensa. O manuscrito mais extenso é um dicionário de verbos alcobacense do século XIV (códice CDIV/286), com cerca de 3.000 verbos latinos e 1.130 portugueses. A história do léxico do Português clássico pode ser feita tomando como delimitadores o primeiro dicionário de Jerónimo Cardoso (1551) e a primeira edição do dicionário da Academia das Ciências (1793), que se documenta no patrimônio textual conhecido dos séculos anteriores. De várias dezenas de títulos publicados, podemos estabelecer um cânone, mais tipológico que diacrônico, que representa os melhores dicionários, do ponto de vista documental, em que intervém o Português.

1.1 Dicionários Latim-Português – normalização e estabilização da escrita

Até meados do século XVIII, a lexicografia do Português é indissociável do ensino da língua latina. O Português não conheceu uma tradição de ensino de língua materna ou de ensino a estrangeiros comparável com a que justificou uma necessidade mais precoce de dicionários de Francês, Italiano ou Castelhano. Pelo confronto com o Latim, os primeiros dicionários contribuem para a normalização e estabilização da língua escrita, reproduzindo soluções ortográficas analógicas e exemplificando o decalque de latinismos para resolver necessidades de tradução. As reedições dos dicionários de Cardoso e Pereira ocupam o espaço escolar até a segunda metade do século XVIII e constituem a nominata do Português mais conhecida e acessível aos falantes de outras línguas.

1551 Jerónimo Cardoso (c. 1510-1569), *Hieronymi Cardosi Dictionarium Iuventuti studiosae admodum frugiferum*. Coimbra.

1570 Jerónimo Cardoso (c. 1510-1569), *Dictionarium latinolusitanicum & vice versa lusitanicolatinum*. Coimbra.

1611 Agostinho Barbosa (1590-1649), *Dictionarium LusitanicoLatinum*. Braga.

1634 Bento Pereira (1605-1681), *Prosodia in Vocabularium Trilingue, Latinum, Lusitanicum, & Hispanicum digesta*. Lisboa.

1647 Bento Pereira, *Thesouro da Lingoa Portuguesa*. Lisboa.

1771 Pedro José da Fonseca (c.1737-1816), *Diccionario portuguez, e latino*. Lisboa.

1.2 Dicionários monolíngues – inventariação lexical do patrimônio literário

Os dicionários monolíngues são uma manifestação de emancipação das línguas, que constroem a sua própria metalinguagem e dispensam o intermédio do Latim. Os lexicógrafos percorrem o patrimônio lexical acumulado nos textos dos melhores autores e recorrem a citações literárias para ilustrar exemplos de bom uso e expressividade. As nomenclaturas alargam-se a diversos domínios do léxico, acolhendo termos técnicos e neologismos. Em Portugal, Rafael Bluteau (1638-1734) é primeiro lexicógrafo que dicionariza e inscreve na língua portuguesa as palavras que circulavam com um estatuto indefinido, ora entendidas como Latim aportuguesado, ora como palavras estrangeiras. O *Vocabulário* de Bluteau ainda contém informação latina, mas geralmente é complementar e pode ser suprimida sem prejuízo para a compreensão do Português. O primeiro dicionário verdadeiramente monolíngue é publicado em 1789 por António de Morais Silva (1755-1824), que revê a nomenclatura e a atualiza, descrevendo um Português que já se pode considerar moderno. Ao dicionário da Academia das Ciências caberia cumprir a recolha lexical patrimonial, mas ficou incompleto, na letra A, sendo publicado apenas um volume em 1793.

1712-1728	Rafael Bluteau (1638-1734), *Vocabulario Portuguez e Latino, Aulico... autorizado com exemplos dos melhores escritores portuguezes, e latinos, e offerecido a ElRey de Portugal, D. Joaõ V*. Coimbra - Lisboa.
1734	João de Morais Madureira Feijó (1688-1741), *Orthographia, ou arte de escrever, e pronunciar com acerto a lingua portuguesa*. Lisboa.
1789	António de Morais Silva (1755-1824), *Diccionario da lingua portugueza*. Lisboa.
1793	Academia Real das Ciências de Lisboa, *Diccionario da lingoa portugueza*. Lisboa.

1.3 Dicionários Português-línguas modernas – renovação lexical da língua em contato

Nas últimas décadas do século XVIII, os dicionários acompanham o interesse da população urbana e escolarizada pelas culturas e pelos livros estrangeiros. Os dicionários bilíngues e plurilíngues dão acesso à tradução de uma nomenclatura portuguesa sucessivamente ampliada. O *corpus* acolhe neologismos que resultam do decalque dos tecnoletos estrangeiros, autorizando inovações lexicais e facilitando as derivações analógicas com prefixos, sufixos e raízes em que se reconhece uma raiz greco-latina. A inovação lexical carece de documentação num uso efetivo e torna-se um processo interdicionarístico. A descrição do léxico português foi influenciada pela tradição dicionarística europeia e pouco colheu das experiências de contato com línguas orientais, africanas ou sul-americanas.

1758-1764   José Marques (fl. 1750), *Nouveau dictionnaire des langues françoise et portugaise. Novo diccionario das linguas portugueza e franceza*. Lisboa.

1773   António Vieira Transtagano (1712-1797), *A Dictionary of the Portuguese and English Languages*. Londres.

1773-1774   Joaquim José da Costa e Sá (1740-1803), *Diccionario italiano e portuguez*. Lisboa.

1784-1786   Manuel de Sousa (1737-?) / Joaquim José da Costa e Sá (1740-1803), *Nouveau dictionnaire François-Portugais*. Lisboa.

O século XIX traz a escolarização do dicionário, mais portátil e económico, reduzindo as definições e aumentando o número de entradas. Os mais procurados são os dicionários de Francês-Português, produzidos aos milhares em França, tendo em vista a exportação direta para o mercado brasileiro: merecem referência o *Nouveau dictionnaire de poche français-portugais* (1811) de Francisco Solano Constâncio, e o *Diccionario portatil portuguez-francez e francez-portuguez* (1812) de Domingos Borges de Barros. Na configuração ortográfica e descrição lexical são já documentos do Português moderno, auxiliares do uso cotidiano e da composição literária.

2 TIPOLOGIAS LEXICOGRÁFICAS

As tipologias lexicográficas têm sido definidas a partir dos dicionários existentes e de uma sistematização das suas características. A tipologia mais tradicional considera o objetivo com que o dicionário é compilado, distinguindo dicionários de língua, dicionários de coisas (informação extralinguística) e dicionários enciclopédicos, que combinam informação linguística e extralinguística. Esta tipologia, que toma a presença ou ausência da informação linguística como principal critério, tem sido substituída por outra que considera a *função lexicográfica*, isto é, o objetivo com que o utilizador usa o dicionário: a resolução de dificuldades linguísticas, o acesso a conhecimentos gerais, a síntese do conhecimento em domínios específicos etc. Da presença de uma ou de várias destas valências resulta a classificação de dicionários monofuncionais ou polifuncionais (SVENSÉN, 2009: 22).

A tipologia de Hartmann e James (2001: 147-148) considera a distinção entre dicionários gerais (que procuram a descrição extensiva) ou especializados (focados numa descrição restrita, incidindo sobre um domínio ou subdomínio), variando no predomínio da informação linguística (sobre diferentes características do signo linguístico) ou de informação factual (descrição de realidades extralinguísticas). Essas categorias combinam-se em diversos graus de prevalência, descrevendo produtos dicionarísticos usuais, como os dicionários de língua com informações complementares de tipo enciclopédico, ou gêneros mais focados na descrição linguística como os dicionários terminológicos ou dicionários bilíngues. O modelo permite abarcar obras que, por adotarem uma ordenação da informação indexada e alfabetada, se intitulam dicionários (de literatura, de pintura, de história), com uma abordagem mais enciclopédica e de acesso ao conhecimento, do que propriamente terminológica. Propomos uma adaptação do esquema tipológico de Hartmann e James, que inclui exemplos de tipos de obras existentes para a língua portuguesa:

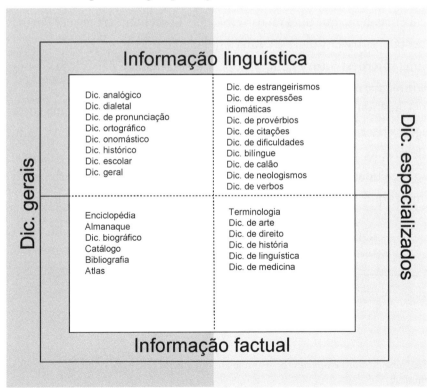

Neste livro, o nosso interesse concentra-se naturalmente nos dicionários que têm por finalidade principal a descrição da língua. Consoante o número de línguas objeto, classificam-se como monolíngues, bilíngues ou multilíngues. Os dicionários monolíngues são tipicamente concebidos para utilizadores nativos da língua objeto. Nos dicionários bilíngues, distingue-se uma língua de partida e uma língua de chegada (ou língua-alvo). Se houver uma distinção entre língua nativa (L1) e língua segunda ou estrangeira (L2), o dicionário é unidirecional. Os dicionários que exploram a direção L1 > L2 são dicionários de codificação, usados como auxílio à produção de enunciados escritos e orais; inversamente, a orientação L2 > L1 resulta em dicionários de descodificação. Se o dicionário se destina aos falantes nativos de cada uma das línguas, classifica-se como bidirecional.

O conjunto de elementos ordenados que permitem o acesso à informação linguística designa-se por macroestrutura. Esse conjunto de elementos é a **nomenclatura**, ou ***nominata*** (*word list* em Inglês) e corresponde à lista de formas-lema que iniciam os verbetes[132]. O **verbete** (artigo, em Português Europeu, *entry* em Inglês) é uma unidade de informação, que se organiza numa **microestrutura** composta pela **forma-lema** e pela **glosa** (conjunto de informações relacionadas com a forma-lema).

A inclusão das palavras compostas em posição de forma-lema costuma seguir critérios condicionados pela sua grafia. Quando a palavra admite hifenização, pode encabeçar artigo. Mas na generalidade dos dicionários são remetidas para a microestrutura e são indexadas sob uma das palavras simples que as formam, pelo que a sua localização pode ser equívoca.

    – (DLPC)

        leite [lɐ́jtɨ]. *s. m.* (Do lat. *lac, lactis*). **1.** Secreção branco--marfim das glândulas mamárias da fêmea dos mamíferos, que engloba gorduras, lactose e vitaminas na sua composição, e que constitui o alimento mais nutritivo para os seus filhos nos primeiros tempos de vida. *A gata não pode*

---

132. *Nomenclatura* é o termo de uso mais frequente em Portugal, no Brasil prefere-se *nominata*.

alimentar os filhotes porque lhe secou o leite. O leite azedou. O leite é utilizado na produção de manteiga, queijo e iogurte. Aquecer o leite. Beber o leite. Coar o leite. Ferver o leite. Tirar o leite. + *achocolatado;* + *de burra, de cabra, de camelo, de ovelha, de vaca;* + *desnatado, fermentado, simples.* **cabeça**[+] **do leite. café**[+] **com leite. cor**[+] **de café com leite. dentes**[+] **de leite. febre**[+] **do leite. filho**[+] **de leite. irmão**[+] **de leite. leite atrapalhado,** o que não talhou por completo. **leite coalhado,** aquele que tomou uma consistência pastosa por ação de um coalho. ≃ COALHADA. *É preciso retirar o soro do leite coalhado.* **leite condensado,** aquele a que se retirou parte da água por um processo de evaporação, a que foi adicionado açúcar e que se conserva enlatado. *Pudim de leite condensado.* **leite do dia,** aquele que não foi submetido ao processo de pasteurização e que deve ser consumido num curto período de tempo após a sua aquisição. ≃ LEITE FRESCO. **leite em pó,** aquele que sofreu um processo de evaporação completa, tendo sido reduzido a partículas solúveis. *O leite em pó dissolve-se na água.* **leite fresco,** aquele que é embalado sem ser pasteurizado. ≃ LEITE DO DIA. **leite gordo,** o que apresenta um alto teor de gordura na sua composição. ≠ LEITE MAGRO. **leite homogeneizado,** aquele cuja gordura é reduzida, por processos especiais, a pequenas partículas. **leite magro,** o que apresenta baixo teor de gordura na sua composição. ≠ LEITE GORDO. **leite materno,** aquele que é produzido pela mãe. *O leite materno é o melhor alimento para o bebê.* **leite meio-gordo,** o que apresenta um teor de gordura não muito elevado, médio. **leite pasteurizado,** o que foi esterilizado pelo calor em vaso fechado. **leite talhado,** o m. que *leite coalhado.* **pão**[+] **de leite. sopas**[+] **de leite. 2.** Suco esbranquiçado segregado por certas plantas. **3.** *Farm.* Emulsão que se aplica sobre a pele para a hidratar ou limpar. + *de amêndoas, de pepino.* **leite de limpeza,** loção que se destina a retirar as impurezas ou a maquilhagem da pele. ≃ DESMAQUILHANTE. **4. mar**[+] **de leite. 5. tripa**[+] **de leite. jogar a leite de pato,** jogar sem efectuar apostas. **trabalhar a leite de pato,** trabalhar sem receber remuneração, de graça.

leite-creme [lɐjtɨkɾɛ́mɨ]. *s. m. Cul.* Doce feito de leite, farinha, ovos e açúcar que depois de confeccionado é polvilhado com açúcar e queimado com um ferro em brasa, próprio para o efeito. Pl. leites-cremes.

leite-de-cal [lɐjtɨdɨkáł]. *s. m. Quím.* Suspensão aquosa de hidróxido de cálcio sob a forma de líquido leitoso, usada para caiar. Pl. leites-de-cal.

leite-de-coco [lɐjtɨdɨkóku]. *s. m.* Líquido esbranquiçado, leitoso e açucarado, contido nas nozes de coco, usado em culinária. Pl. leites-de-coco.

leite-de-galinha [lɐjtɨdɨgɐlíɲɐ]. *s. m. Bot.* Planta da família das liliáceas. Pl. leites-de-galinha.

Podem ter estatuto de lema as palavras compostas ou expressões que estão lexicalizadas, identificando-se pelo fato de o seu significado não poder ser deduzido a partir do significado das palavras que as constituem, por terem apenas um referente ou por poderem ser substituídas por um pronome. A forma-lema é representativa de um paradigma e pode variar de acordo com a língua e a tradição dicionarística. As formas gramaticais mais comuns são o singular para os substantivos e adjetivos e o infinitivo para os verbos. As línguas clássicas apresentam o lema com a enunciação de outras formas paradigmáticas necessárias para ilustrar a flexão, preferindo, por exemplo, o presente do indicativo no caso dos verbos.

> F. Gaffiot, *Dictionnaire Latin Français* (1993)
> **Sum, fuisse, esse:** être [forma lema = 1ª sg. presente do indicativo, 1ª sg. pretérito perfeito, infinitivo: tradução] (F. GAFFIOT, **Dictionnaire Latin Français**, 1993).

Numa apreciação meramente quantitativa, os dicionários são classificados com base na comparação relativa do número de entradas: os **dicionários extensivos** oferecem centenas de milhares de verbetes (442 mil no Houaiss, p. ex.), em contraste com os **dicionários seletivos** (o *Mini Aurélio* promete cerca de 30 mil). As designações comerciais cultivam esta oposição, reclamando ora as vantagens da exaustividade (dicionários integrais, completos...), ora a comodidade do formato pequeno (breve, abreviado, mini...).

A publicitação destes dados é habitual em dicionários impressos, mas os **dicionários eletrônicos** alteraram a pertinência desta contabilidade. Se os primeiros modelos eram somente edições digitais que replicavam a versão impressa num computador, a transição para as bases de dados online e a sofisticação dos motores de pesquisa tornou inconsequente a tarefa de restringir a nomenclatura para facilitar a pesquisa ou garantir a "portabilidade" do dicionário.

Para caracterizar a descrição lexical, é mais esclarecedor avaliar a quantidade da nomenclatura face ao *corpus* usado para a documentação, distinguindo entre **dicionários extensivos e seletivos**. O dicionário é extensivo se pretende dar conta de todas as ocorrências de um *corpus* – o que só é possível em *corpora* de textos literários (dicionários das palavras de um texto literário ou documento, p. ex.). A maioria dos dicionários é de tipo seletivo, descrevendo apenas uma escolha das palavras de um *corpus* disponível.

Os novos modelos de dicionários electrônicos distinguem-se dos impressos pelo fato de explorarem hiperligações entre palavras, por ampliarem a quantidade de dados consultáveis e pela interação com aplicações de correção ortográfica e paradigmas de flexão e conjugação. Sobretudo, o dicionário pode ser explorado como um amplo *corpus* textual, o que o torna num produto conceptualmente diferente do livro impresso. Quebra-se assim o princípio da ordenação alfabética, concedendo um novo estatuto a qualquer elemento que seja marcado como unidade de tratamento lexicográfico, e que, por conseguinte, pode ser localizado. Da mesma forma, os marcadores metalinguísticos também são pesquisáveis, pelo que campos como datação, étimo, domínio lexical ou relações semânticas podem ser estabelecidos como critérios ordenadores do léxico.

Os dicionários eletrônicos que são consultados pela internet, em ligação direta a uma base de dados, acrescentam um elemento novo que é a perspectiva da constante atualização, em estreita relação com o trabalho dos lexicógrafos. Os alargamentos do *corpus*, a revisão da *nominata* e as correções repercutem-se mais rapidamente nos resultados disponíveis para o utilizador, o que alterou o estatuto normativo dos dicionários eletrônicos, anteriormente considerados como versões abreviadas e incompletas dos dicionários impressos. Perde-se, se os lexicógrafos não o acautelarem, a função documental das sucessivas versões dos dicionários, que tradicionalmente têm servido de pontos de referência para o estudo diacrônico.

Independentemente do meio de difusão (impresso ou por acesso digital) os **dicionários gerais de língua** são orientados da expressão para o significado, numa perspectiva semasiológica. Estão indexados por lemas – que são uma representação da realização formal do lexema – e privilegiam a caracterização semântica das palavras em contextos de uso.

Na perspectiva onomasiológica, as palavras são termos genéricos que introduzem conceitos semanticamente relacionados. A representação da relação entre conceitos pode ser feita pela exploração de sinônimos e paráfrases ou pela definição de famílias de palavras que preenchem os elementos de uma relação lógica. Os **dicionários de sinônimos** ou os **dicionários analógicos** (*thesaurus*, na designação inglesa) são os dicionários onomasiológicos mais frequentes. Foram desenvolvidos para apoio à expressão escrita literária e, mais recentemente, como modelos de descrição semântica e morfossemântica.

Os dicionários que se concentram na informação sintagmática e paradigmática podem ser classificados como dicionários especializados. A informação sintagmática está presente em **dicionários combinatórios**, que indicam, para cada lema, que tipos de complemento são sintaticamente possíveis e as eventuais restrições; por sua vez, os **dicionários de colocações** especificam, para cada lema, que palavras podem ocorrer com ele para formar unidades de sentido distintas da soma dos significados individuais.

Outros dicionários especializados exploram a possibilidade de comutação das palavras que têm uma relação semântica entre si (relação paradigmática). Os **dicionários de sinônimos** são os modelos mais antigos, porque as relações de sinonímia são um recurso para apoio à composição literária, explorando a comutação como elemento de coesão textual. Distinguem-se os **dicionários de sinônimos cumulativos**, que agregam as palavras com sentido semelhante sem indicar quais são mais adequadas a cada contexto, e os **dicionários de sinônimos distintivos**, que esclarecem as particularidades semânticas ou restrições à comutação. Os **dicionários analógicos** exploram relações lógico-semânticas (a associação de conceitos), pelo que, ao contrário do que acontece com os sinônimos, a relação de comutação não está limitada à correspondência no interior de uma mesma categoria gramatical. As associações podem ser meramente temáticas, estabelecendo-se a partir de fatos extralinguísticos e relações ontológico-enciclopédicas.

Em conclusão, os dicionários diferem no tratamento das diferentes componentes das unidades discursivas, podendo apresentar ou privilegiar informações sobre:
- características formais como pronúncia, codificação escrita, propriedades morfológicas;

- características semânticas, variando a quantidade de informação fornecida na definição;
- características sintagmáticas, expressas na possibilidade de combinação com outras palavras;
- e características pragmáticas, considerando as restrições de uso em situação comunicativa.

3 REPRESENTAÇÃO DAS UNIDADES DISCURSIVAS: LEXEMA, LEMA E FORMA-LEMA

O lexema é a unidade básica no estudo do léxico, combinando aspectos formais, semânticos e a aplicação num contexto gramatical. O **lema** é uma forma que representa uma unidade discursiva, correspondendo à redução de todas as variantes flexionais de uma palavra a uma forma canônica. A lematização é essencial para uma avaliação da frequência das palavras num *corpus* e para a identificação e recuperação integrada de formas flexionadas e combinatórias lexicais.

Na descrição lexicográfica, a **forma-lema** representa a palavra que é objeto de análise num verbete, bem como as unidades superiores à palavra que não têm verbete autônomo (expressões, colocações) e assim são convencionalmente indexadas (cf. exemplo do verbete *leite* do DLPC, citado *supra*).

O modo como os dicionários gerais descrevem o léxico é muito condicionado pelo formato tradicional do dicionário impresso, que obriga à concentração de dados no mesmo verbete, ou em verbetes próximos. Por isso, as formas-lema de um dicionário não são o resultado direto do processo de lematização de um *corpus*. A seleção das formas-lema implica (i) uma decisão sobre a inclusão de palavras compostas e expressões, (ii) a resolução de casos em que uma mesma forma canônica corresponde a diferentes lexemas e (iii) o agrupamento de palavras com contiguidades semânticas perceptíveis.

3.1 Distinção semântica

Nos dicionários de língua, uma mesma representação formal pode corresponder a vários lexemas. Se as unidades são referencial e semanticamente distintas, trata-se de uma relação de **homonímia**, e os dicionários instituem verbetes diferentes para cada lexema, indicando assim que se trata de uma coincidência formal. Todavia, se há uma aproximação semântica entre um conjunto de lexemas (por extensão de sentido, metonímia ou metáfora), estabelece-se uma relação de **polissemia**. Por um princípio de economia de ordenação da informação, os dicionários agregam no mesmo verbete as diferentes acepções polissêmicas.

Assim, a homonímia costuma refletir-se na macroestrutura do dicionário (o conjunto de formas-lema que constituem a nomenclatura), enquanto a polissemia se reflete na estruturação e na redação do verbete (microestrutura).

São os casos de polissemia que motivam a maior parte das consultas ao dicionário por parte dos falantes nativos de uma língua, pois a relação entre diferentes significados estabelecida para uma mesma palavra ou expressão nem sempre é esclarecida pela competência linguística. A percepção da polissemia depende de uma consciência etimológica partilhada. Se assim não suceder, a descrição lexicográfica e a localização da informação e a compreensão dessa relação obriga a uma aprendizagem metalinguística.

Diferentes tipos de dicionários optam por diferentes abordagens da polissemia. Os critérios diacrônicos são os de mais longa tradição, pois as definições construíram-se a partir do sentido primitivo, fundado numa tentativa de explicação etimológica. A lexicografia moderna tem acrescentado abordagens semânticas, morfossemânticas e formais.

3.1.1 Critério diacrônico

O **critério diacrônico** agrupa as palavras de acordo com o étimo, tratando no mesmo verbete palavras de categorias gramaticais diferentes. A distinção etimológica justifica o estatuto de palavra homônima e por isso a informação sobre a origem está geralmente presente. Assim, haverá diferentes verbetes para *cunhado* ("irmão do cônjuge", do Lat. *cognatu-*) e para *cunhado* (particípio de *cunhar*, do Lat. *cuneare*), ou para *cabo* ("corda", do Lat. tardio *capulu-*) e *cabo* ("comandante", do Lat. *caput*).

A descrição torna-se mais complexa quando o mesmo verbete tem de comportar várias fases de uma longa evolução semântica, de que resultaram palavras com uso contemporâneo. Por exemplo, para a palavra *barra* há apenas um étimo identificado (do Lat. vulgar *barra*, "travessa ou tranca"), pelo que sob um mesmo lema se acumulam significados cuja relação não é evidente. O dicionário Houaiss registra 34 acepções, entre as quais "entrada do porto", "desembocadura do rio", "peça alongada e estreita", "tira de tecido que serve de acabamento ou enfeite", "bainha". Se ao respeito pela etimologia acrescentarmos a obrigatoriedade de a ordenação das acepções obedecer à atestação em fontes textuais, o resultado é que a primeira acepção registrada num verbete pode até nem ser a mais antiga, nem a semanticamente mais próxima do étimo.

Há variação de acordo com a interpretação dos dados etimológicos conhecidos, que estarão consequentemente sujeitos a alterações se novos ou diferentes étimos forem estabelecidos. Para o substantivo *dado* ("peça usada em jogos") identifica-se ou uma origem árabe *dad* ("peça usada em jogos"), ou uma relação com o particípio latino *datu-* (< *dare*). De acordo com esta última hipótese, os lexemas seriam entendidos como polissêmicos na diacronia.

Também pode haver divergência etimológica caso se opte por considerar apenas a relação de contato linguístico que está na origem de um determinado significado. Os dicionários Infopedia e Houaiss consideram que *apartamento* (= "afastamento", der. do verbo *apartar*) e *apartamento* ("parte de moradia colectiva", do fr. *appartment*) são palavras homônimas. Mas, numa perspectiva interlinguística, a palavra francesa teve origem no Italiano *appartamento* ("parte de moradia coletiva"), que por sua vez provém do substantivo castelhano *apartamiento* ("ação de se afastar").

Os lexicógrafos tentam redigir os verbetes de modo a tornar a relação polissêmica perceptível. Mas esse *continuum* semântico pode assentar em significados que não são comuns na língua contemporânea e que por isso têm de continuar a ser dicionarizados. Em Houaiss, no verbete *andar*, para o substantivo registra-se a acepção antiga "qualquer pavimento de uma edificação" (= "revestimento do chão") de que deriva a mais recente "cada uma das divisões de qualquer coisa que é formada de camadas".

Assim, em dicionários gerais, é possível encontrar definições diacrónicas que descrevem um estádio antigo da língua, sem informações que restrinjam o uso. No caso de *penso*, o significado do verbo latino *pendere* ("pesar", "calcular") evoluiu em Latim tardio para o significado de "cuidar", especialmente marcado no substantivo derivado *penso* (século XIII e XIV). A primeira acepção, registrada no dicionário Houaiss, é incomum no Português contemporâneo.

> **Penso**
>
> Substantivo masculino
> 1 - tratamento, sustento, alimentação etc. de crianças ou animais
> 2 - conjunto de medicamentos, antissépticos e partes acessórias (p. ex., cobertura protetora) que se põem sobre a ferida, ferimento, incisão cirúrgica etc. para protegê-los, higienizá-los, cicatrizá-los; curativo
>
> Adjetivo
> Regionalismo: Brasil.
> 1 - que se encontra pendido, inclinado
> 2 - que se encontra em posição desajeitada; de mau jeito
> (Houaiss)

A tradição dicionarística e os hábitos de consulta são as principais justificações para a preferência pelo critério diacrónico em dicionários de uso geral. As desvantagens são particularmente evidentes na perspectiva dos utilizadores sem conhecimentos de etimologia, com especiais dificuldades no caso de utilizadores de L2, para quem as relações etimológicas se tornam ainda menos perceptíveis.

3.1.2 Critério semântico e morfossemântico

Outros critérios podem ser adotados se o objetivo é uma descrição sincrônica da língua ou a compilação de dicionários bilíngues de descodificação, ou de dicionários para aprendentes.

Aplicando critérios de distinção semântica, todos os lexemas com a mesma forma e significados assinaladamente diferentes são tratados como homônimos. Só se admite polissemia se o *continuum* semântico for inteligível através da competência sincrônica dos falantes. Haverá um grau de subjetividade nesta distinção, pois a interpretação das relações de sentido não é consensualmente interpretada numa comunidade, e poderá haver interferências de aprendizagens metalinguísticas. Em todo o caso, uma nomenclatura organizada semanticamente apresenta um maior número de verbetes. O exemplo de *penso*, citado anteriormente, poderia ser assim reescrito:

Penso, subst. masc. Alimentação
Penso, subst. masc. Curativo
Penso, adj. Inclinado, em posição desajeitada

A abordagem morfossemântica distingue-se pelo fato de a forma-lema ser englobante, recobrindo os diversos lexemas homônimos. Estes dicionários exploram a informação morfológica ao incluir em cada subentrada as palavras derivadas e compostos que dão continuidade ao significado iniciado pelo lexema. O verbete *penso* apresentaria esta configuração:

Penso
 1. Subst. masc., alimentação. 1.1. Pensar. V. Tr. Alimentar
 2. Subst. masc., curativo 2.1. Pensar. V. Tr. Aplicar curativo
 3. Adj. Inclinado, em posição desajeitada

Este método propõe uma descrição por famílias de palavras, que em alguns casos se pode converter numa rede complexa e tornar menos evidente a localização de palavras derivadas, pois à partida tem de se conhecer alguns traços semânticos que as definem. Pode também acontecer que em diferentes artigos se repitam as mesmas formas originadas por derivação, que são também homônimos entre si (cf. *pensar*, no exemplo *supra*). Por outro lado, se a uma forma de subentrada ainda corresponder um significado não relacionado com o da família de palavras, terá de existir um verbete autônomo (de novo o verbo *pensar*, significando "raciocinar").

3.1.3 Critério formal

A abordagem formal propõe que se agrupem no mesmo verbete os lexemas que têm coincidência na forma e que pertencem à mesma classe gramatical. Na explicação dicionarística, agrupam-se as diferenças de sentido, sem distinguir se são polissêmicas ou resultantes de diferentes étimos. A seleção das formas-lema para *penso* e *dado* seria a seguinte:

Penso, subst. masc.
1. alimentação
2. curativo

Penso, adj.
Inclinado, em posição desajeitada

Dado, subst. masc.
1. informação
2. peça usada em certos jogos

Dado, adj.
1. oferecido
2. afável
3. propenso

A ordenação pode obedecer a critérios de frequência, principiando a descrição pelas acepções mais comuns, o que altera a sequência diacrônica das derivações semânticas. Este critério é adequado à compilação de dicionários bilíngues (L2>L1), pois as possibilidades de descodificação de um lexema estão concentradas num único verbete.

3.2 Relações sintagmáticas

A informação sintagmática descreve relações gramaticais de natureza sintática entre palavras, bem como entre conjuntos de palavras no contexto da frase. Ao potencial de ligação entre palavras dá-se o nome de valência (do Latim *valentia*, "capacidade"), recuperando por analogia um conceito do domínio da química, que indica o número de átomos com que um elemento se pode combinar. No domínio da linguística, valência indica o número de palavras ou expressões que se associam a um núcleo sintático para expressar um determinado sentido. Estes elementos, com uma ligação próxima ao núcleo, podem também ser opcionais, quando a sua supressão não prejudica a gramaticalidade do enunciado.

A relação com os complementos é a valência sintática de uma palavra. A maioria dos dicionários de língua apenas explicita a valência dos verbos, indicando a relação entre o sujeito, objeto direto, indireto e oblíquos. A valência sintática dos substantivos e adjetivos é raramente descrita, apesar de muitas acepções dicionarizadas corresponderem, em rigor, a significados que só existem mediante uma relação sintática com complementos. Compare-se a descrição do adjetivo *dado* nos dicionários Houaiss e Infopédia, nas acepções 3 e 4:

Houaiss	Infopédia
n. adjetivo	adjetivo
(...)	1. que se deu; oferecido
3. Derivação: por metáfora.	2. que se deu de graça; gratuito
que se relaciona amigavelmente com outras	3. (pessoa) afável; amistoso
pessoas; afável, tratável, amistoso	4. (pessoa) propenso
Ex.: é uma criança muito dada.	
4. Derivação: por metáfora.	
habituado ou propenso a	
Ex.: dado ao estudo, dado à bebida	

Esta apresentação, que ocorre num dicionário monolíngue (L1), supõe a competência do leitor para identificar as restrições de seleção de complementos. No dicionário Infopédia, há uma marcação (pessoa) que indica a restrição a sujeito [+humano]; no dicionário Houaiss essa obrigatoriedade é depreendida na acepção 3) (com outras pessoas), mas não é explicitada na 4). Assim, o falante terá de julgar a aceitabilidade de enunciados com sujeito [+/-humano] e [+/- animado]:

(1)   O João é **dado** a resfriados.
      O cão do João é **dado** a resfriados.
      ?O quarto do João é **propenso** à umidade.
      ?O quarto do João é **dado** a umidade.

Os dicionários gerais de L1 apenas informam sobre as restrições gramaticais e sintagmáticas de um lexema quando não são previsíveis ou quando existem prescrições normativas. Por exemplo, nos verbetes citados, *afável* e *amistoso* são considerados sinônimos de *dado*, mas o seu uso impõe a seleção de complementos introduzidos por preposições diferentes:

(2)   O João é dado aos amigos.
      O João é afável (para) com os amigos.
      O João é amistoso (para) com os colegas de trabalho.

Nos dicionários de L2 é mais frequente a apresentação de exemplos construídos, que condensam explicitamente a informação gramatical em fórmulas esquemáticas, com pronomes indefinidos e verbos no infinitivo, do tipo:

   Dado: ser dado a alguém / ser dado a alguma coisa
   Afável: ser afável para com alguém

Nos dicionários que recolhem exemplos em *corpora*, as indicações gramaticais são implícitas e devem ser interpretadas pela competência do leitor. Os excertos, quando oriundos de textos literários, dificultam a percepção sobre a obrigatoriedade dos complementos ou até sobre a sua delimitação.

Dado. Que é afável, comunicativo, sociável
"Além de ser a cachopa mais bonita, dada e alegre da terra, era também a mais assente e respeitada" (TORGA. *Novos contos*, p. 16).
– (DLPC)

Se esses exemplos são admissíveis em dicionários de L1, nos dicionários bilíngues a descrição tem de ser mais sistemática e explícita, para esclarecer casos de anisomorfismo, ou seja, de diferenças de valência de equivalentes lexicais em L1 e L2 (veja-se Svensén, 2009: 150-152).

A descrição lexicográfica só pode representar parcialmente a variedade de regras de seleção que, em situação discursiva, determinam as combinações lexicais. Algumas regras são eminentemente lógicas e derivam do conhecimento de fatos extralinguísticos. Assim se estabelece a inaceitabilidade de enunciados como **a sopa comeu o João*.

Por sua vez, as regras de tipo semântico derivam de propriedades linguísticas. Num determinado contexto discursivo, a violação da valência semântica não produz enunciados falsos ou contraditórios, e podem até ser compreendidos, apesar da percepção de anormalidade. Por exemplo, o uso do verbo *declinar* com um sujeito [- humano] é semanticamente inadequado, mas a proposição pode ser verdadeira:

(3)   *A jovem **declinou** o convite para ir passear.*
      *O cão **declinou** o convite para ir passear.*

Aliás, estas construções são usadas pelos falantes nativos com fins estilísticos, e são fonte de associações de sentido e jogos de linguagem que são simultaneamente criativos e esporádicos, formando combinações idiossincráticas. Partindo de combinatórias livres, a substituição de elementos com valências inesperadas (metafóricas, metonímicas) pode tornar-se frequente e adquirir um significado reconhecido para um número alargado de falantes e passar a ter um significado fixo. Num determinado contexto, todas as frases a seguir podem ser compreendidas por um falante de Português nativo:

(4) O político...
   1. *aumentou a conta bancária de modo suspeito.*
   2. *engordou a conta bancária.*
   3. *desenvolveu a conta bancária.*
   4. *ampliou a conta bancária.*
   5. *fermentou a conta bancária.*
   6. *intumesceu a conta bancária.*

A combinação 2, *engordar a conta bancária*, que terá nascido do mesmo princípio de violação semântica, teve especial aceitação e a sua frequência é assinalável (a expressão tem cerca de 61.800 resultados numa pesquisa simples do Google). As ocorrências 1 e 3-6 não têm relevância lexicográfica, ou por serem combinações livres que não precisam de descodificação, ou por serem realizações anormais, com uma intenção comunicativa específica. Estes usos fortuitos têm todavia repercussão nos dicionários que recorrem a citações de autores literários para abonar palavras:

> Emergir. 1. Aparecer à superfície, um corpo que está mergulhado no interior de um líquido ou de um fluido; vir à tona.
> 2. Subir e ganhar altura como se saísse de dentro de água. ≃ elevar-se. "*O sol começou a entrar na praça pelas ruas do lado nascente e, de súbito, emergindo sobre os prédios, iluminou-a de uma luz que era alaranjado e prata.*" (J. DE SENA, *Físico Prodigioso*, p. 117). 3. Surgir do interior, de um espaço fechado; aparecer, saindo de um local onde não era visível. ≃ sair. "*- Ah! Já acordaste!? – pergunta o Rui, emergindo da casa de banho.*" (F. BOTELHO. *Brueghel*, p. 32). 4. Deixar-se ver, de repente, de um momento para o outro. ≃ aparecer, surgir. "*toda a Ilha fora convertida num cenário brumoso, de trevo e azevém, do meio do qual emergiam à passagem do vento, os vultos das vacas e dos cavalos a pastar.*" (AQUILINO. *Homem que matou*, p. 443).
> – (DLPC)

A dicionarização de acepções que, em rigor, são usos expressivos da linguagem é um elemento perturbador da descrição semântica nos dicionários de L1. O fato de os dicionários bilíngues serem elaborados a partir de nomenclaturas previamente estabelecidas em dicionários monolíngues obriga os lexicógrafos a encontrar correspondências para acepções inexistentes, traduzindo construções que não têm uma ocorrência assinalável no conjunto do léxico.

O fato de se ter tornado uma forma de expressar um determinado conceito, independentemente da valência dos elementos constituintes, torna-a uma forma especial de combinação, a colocação.

3.2.1 Colocações

As colocações são relações semânticas estabelecidas entre palavras, que se caracterizam pelo fato de coocorrerem com frequência e independentemente da valência dos elementos constituintes. A relação de afinidade entre os elementos coocorrentes está normalizada na língua e é aprendida pelos falantes, pois o significado reside na interdependência dos elementos.

A relevância de uma colocação afere-se a partir da análise estatística de um *corpus*, considerando as repetições um determinado limite de unidades em torno de uma palavra central (nó). Com base na extensão do *corpus*, estima-se um índice de frequência a partir do qual a expressão recorrente é classificada como colocação.

Mas o critério da frequência num *corpus* não é o mais importante para a lexicografia, pelo menos não nos dicionários monolíngues e de L1, pois as colocações mais frequentes não são necessariamente as de descodificação mais problemática. Por outro lado, algumas colocações relevantes podem ser frequentes no discurso oral ou em contextos discursivos não representados em *corpora* de texto escrito.

Para a dicionarização, é relevante considerar a direcionalidade na relação entre os elementos, identificando uma palavra principal (base) e uma subordinada (colocador). A palavra base pode ser definida independentemente e o colocador tem geralmente uma interpretação metafórica, mas o resultado da associação tem uma interpretação literal.

(5) Quebrar um <u>pacto</u>
Nascer o <u>dia</u>
<u>Ideia</u> brilhante
<u>Arrepender-se</u> amargamente

A dicionarização das colocações pode ser feita a partir da base ou dos colocadores, atendendo a objetivos distintos. Num dicionário de descodificação, numa perspectiva de L1, o utilizador procura o colocador, que é o elemento que apresentará um significado desconhecido num determinado contexto discursivo. Nos dicionários de produção, e na generalidade dos dicionários de L2 destinados a aprendentes de línguas estrangeiras, procuram-se as possibilidades de expressão em torno de um conceito, pelo que as colocações devem ser indexadas a partir da base.

Nos dicionários de L1, é habitual confundirem-se acepções e interpretação de colocações. Por exemplo, no verbete *quebrar* do dicionário Infopédia, algumas das aceções parecem representar colocações insuficientemente descritas (cf. 5-8):

quebrar
1. *partir; fraturar*
2. *fragmentar*
3. *rachar; fender*
4. *cortar*
5. *enfraquecer; debilitar; abater*
6. *vencer*
7. *interromper; perturbar*
8. *infringir; violar*
– (Infopédia, Português-Espanhol)

As acepções 5-8 só são válidas em coocorrências específicas, que o falante nativo pode reconstituir a partir da sua competência linguística:

(6) *quebrar* + adversário, *quebrar* + inimigo = enfraquecer, vencer
quebrar + ligação = interromper
quebrar + pacto, *quebrar* + lei = infringir

Se o dicionário fornece exemplos, os contextos são mais claros, mas nem sempre se esclarece a fronteira entre exemplo e colocação. Veja-se a acepção 3 do verbete *quebrar* no dicionário Houaiss:

> quebrar
>   3 - (s.XIV) cometer infração contra; infringir, violar, transgredir. Ex.: q. o protocolo
>
> – (Houaiss)

Se *quebrar o protocolo* pode ser literalmente interpretado como "cometer uma infração contra o protocolo", o falante competente também reconhece a combinatória fixa, que tem uma interpretação intransitiva e parafraseável por "transgredir". Além disso, também classificará como semanticamente inadequadas construções como *quebrar a lei* ou *quebrar o código de trânsito*.

Quando identificam e descrevem as estruturas combinatórias, os lexicógrafos tendem a remetê-las para o fim dos verbetes, sem distinguir explicitamente colocações e expressões idiomáticas. Mesmo com o auxílio de dados estatísticos, a interpretação continua a depender da percepção subjetiva de um sentido mais ou menos literal. Não é sequer incomum que no mesmo dicionário uma mesma estrutura tenha registro em dois verbetes, estabelecendo assim colocadores e núcleos semânticos distintos:

> ideia
>   ideia luminosa, Fam., uma excelente ideia, genial, cujas consequências são vantajosas
>
> – (DLPC)

> luminoso
>   8. Que lança luz sobre um assunto. ideia+ luminosa.
>
> – (DLPC)

Os dicionários bilíngues devem procurar oferecer um registro mais sistemático das colocações, assinalando apenas os problemas de tradução ou equivalência (L1 <-> L2), exemplificando as diferenças de seleção lexical. Na prática, como esses dicionários se baseiam em nomenclaturas monolíngues, costuma prevalecer a perspectiva de uma das línguas em comparação.

No seguinte exemplo, um verbete de um dicionário Português-Espanhol, exige-se uma competência linguística em L1 que torna o dicionário pouco adequado para falantes de L2.

>   luminoso
>   1. (sala) luminoso, con mucha luz
>   2. brillante
>   3. figurado (ideia) luminoso, brillante
>   – (Infopédia, Português-Espanhol)

Somente a competência de falantes de L1 permite compreender, sem outras explicações metalinguísticas, que em 1) temos uma combinatória livre, que em 2) temos uma definição por sinonímia, e que em 3) se explica uma combinatória fixa, apesar de o adjetivo aparecer na forma canônica do masculino. Esse tipo de orientação é característico dos dicionários bilíngues de descodificação. Um dicionário vocacionado para a produção teria de esclarecer os contextos lexicais e semânticos de cada um dos significados propostos no verbete.

Consoante a técnica seguida pelos lexicógrafos, os mesmos pares de línguas podem ter descrições contrastivas distintas. O dicionário *Infopédia Espanhol-Português* é redigido com base na tradução de estruturas semanticamente equivalentes, e por isso é orientado para a produção em L2 por nativos de L1 e para a descodificação de L1 por parte dos nativos de L2.

>   idea
>   ideia
>   idea fija/preconcebida – ideia fixa/preconcebida;
>   idea de bombero – ideia descabida;
>   cambiar de idea(s) – mudar de ideias;
>   hacerse a la idea de – acostumar-se à ideia de;
>   no tener (ni) idea – não fazer (a mínima) ideia;

no tener ni idea de que – não fazer ideia de que;
tener una idea luminosa – ter uma ideia luminosa

– (Infopédia, Português-Espanhol)

3.2.2 Expressões idiomáticas

As expressões idiomáticas são combinações de palavras fixas e por isso os dicionários reconhecem-lhes mais frequentemente o estatuto de unidade de tratamento lexicográfico. O grau de variação é muito limitado, admitindo a flexão de alguns elementos constituintes ou a comutação lexical quando há contiguidade semântica:

(8)   *Ele telefonou-lhe e pôs tudo em pratos limpos.*
       Eles discutiram e puseram tudo em pratos limpos.
       *Ele telefonou-lhe e pôs tudo num prato limpo.

       Deu com o nariz na porta.
       Bateu com o nariz na porta.

Essas expressões caracterizam-se pelo fato de o significado não poder ser deduzido a partir da análise dos componentes e geralmente ter uma interpretação metafórica (e.g. *braço direito*, "pessoa que auxilia"). A extensão da metáfora ou o fato de algum dos componentes poder estar semanticamente mais relacionado com o significado da expressão permite, em alguns casos, classificar as expressões como parcialmente composicionais:

(9)   *Perder a cabeça* (cabeça = comportamento racional)

Algumas expressões podem ter valor idiomático e, em certos contextos, uma interpretação literal. Na interpretação literal encontra-se a memória da origem da interpretação metafórica.

(10)   *cinturão negro*
               faixa de tecido que indica o grau de habilidade de um lutador
               grau de habilidade do lutador

      golpe baixo
               golpe proibido, desferido abaixo da cintura do adversário
               ação ou atitude desonesta, desleal ou indigna

Essas combinações lexicais são geralmente provenientes de línguas de especialidade e foram criadas a partir de palavras com sentido comum da mesma língua (cf. IRIARTE SANROMAN, 2001, cap. 4.4.). As expressões idiomáticas não são necessárias para a comunicação, pois funcionam como uma forma alternativa de transmitir um significado que pode ser normalmente expresso por outras palavras em combinação livre. Além disso, a capacidade de interpretação do seu uso pontual e por vezes retórico é a demonstração de pertença a uma comunidade de falantes.

Os dicionários monolíngues (L1) fazem recolhas das expressões que consideram mais comuns ou culturalmente significativas; tratando-se de dicionários de L2 incluem-se informações gramaticais, salientando a estrutura frásica. Nos dicionários bilíngues, a tradução por paráfrase é a solução mais informativa para os leitores. Existindo uma expressão de significado equivalente na língua de chegada, deve ser acompanhada sobre informações com restrições de adequação comunicativa.

Os dicionários monolíngues de L1 costumam acumular a informação sobre colocações e expressões idiomáticas no fim dos verbetes. Alguns, como o dicionário Houaiss, têm uma seção dedicada a locuções. A distinção entre os dois tipos de estruturas combinatórias não é fácil nem costuma ser sempre explicitada. Para as colocações, tentam dar uma definição em que se sublinha o sentido literal de um dos elementos. O uso de marcadores como "sentido figurado" remete às características típicas das expressões idiomáticas.

Prato
> comer no mesmo prato
> Derivação: sentido figurado.
> comungar os mesmos hábitos, ideias que (outrem)
> Ex.: eles se conhecem, mas não comem no mesmo prato
> cuspir no prato em que comeu
> Uso: informal.
> ser mal-agradecido, demonstrar ingratidão, falar mal de quem lhe deu ajuda
> limpar o prato
> Uso: informal.
> comer tudo
> pôr em pratos limpos
> aclarar (uma questão, um fato confuso e suspeito), sem deixar nenhuma dúvida; esclarecer, deslindar
> prato de lentilhas
> Derivação: sentido figurado.
> lucro pequeno, que não compensa uma grande perda
> Ex.: privatizar as empresas nacionais em troca de um p. de lentilhas

– (Houaiss)

A concisão das formas de subentrada oculta o fato de as estruturas serem mais extensas, o que é esclarecido pelos exemplos, como na entrada *prato de lentilhas*, que é traduzida por *lucro pequeno*.

O leitor competente em L1 interpretará o exemplo reconhecendo a obrigatoriedade de usar o verbo *trocar* (ou *vender*, sinônimo admitido neste contexto).

Não precisa conhecer o fundamento cultural da expressão, que vem do episódio bíblico (Gn. 25) (Esaú, encontrando-se com fome, cede a Jacó os direitos de filho primogênito em troca de um prato de comida).

3.2.3 Outras combinações fixas

Nos dicionários acumulam-se também outras combinações fixas. As **expressões formulares** são estruturadoras do discurso e têm uma função pragmática. São bordões discursivos, expressões fáticas, fórmulas de cumprimento, que se apresentam sob a forma de frases curtas ou combinações de palavras.

(11)   *Olá.*
       Tudo bem?
       Pois é, pois é.
       Que bom!
       Era uma vez...

As **comparações**, geralmente com a conjunção *como* ou a locução *do que*, são estruturas fixas como as expressões idiomáticas, mas admitem variação gramatical e o primeiro elemento da comparação tem uma interpretação literal:

(12)   *lindo como o sol*
       inocente como um anjo
       surdo como uma porta
       mais teimoso (do) que um burro

Os **provérbios** são enunciados concisos, que não admitem variação pelo fato de geralmente serem frásicos. Na sua origem, um provérbio pode ter sido construído a partir de experiências práticas do cotidiano, mas o seu uso em contexto discursivo não suscita uma interpretação literal e obedece a restrições convencionadas pela comunidade de falantes. Esse caráter particular demonstra-se pelo fato de a intenção comunicativa não ser compreendida quando são traduzidos para outras línguas.

(13)   *Cão que ladra não morde*
       O barato sai caro

As **alusões** são enunciados que transmitem uma referência cultural reconhecida pela comunidade e que, por assumirem a forma de uma citação intertextual, adquirem uma estrutura fixa. Nas línguas românicas, a valorização destes fragmentos remonta às recolhas de *sententia* de autores clássicos, ditos célebres por vezes retirados do contexto e transformados em máximas. Por serem transmitidas pela tradição literária até ao presente, perdeu-se o rasto da autoria e por vezes o significado original. Um caso célebre é a alusão ao estudo das humanidades condensada numa citação do dramaturgo Terêncio (II a.C.), "*homo sum, humani nihil a me alienum puto*" (*O carrasco de si mesmo*, I, 1, 25), traduzida em várias línguas numa expressão como "nada do que é humano me é estranho". Na peça, com esta afirmação a personagem defendia-se da trivial acusação de espiar os vizinhos, mas pelo fato de ter sido retomada por autores como Sêneca e Santo Agostinho, atingiu interpretações bem mais ambiciosas. Outras expressões de origem literária, como *estão verdes, não prestam*, ou *se queres a paz, prepara a guerra*, são imputadas a autores temporalmente distantes (Fedro ou La Fontaine, Vegécio ou Churchill), mas essa tentativa de atribuição é no fundo um reforço simbólico do valor cultural da expressão. Essas alusões, por vezes sobre a forma de citação autorizada, costumam ser dicionarizadas em apêndice nos dicionários de L1.

3.3 Relações paradigmáticas: sinonímia, antonímia, hiponímia

A técnica de definição dos dicionários antigos, por se ter desenvolvido para a comparação bilíngue, valorizou as soluções em que o *definiens* (i.e. o que define) podia substituir o *definiendum* (i.e. aquilo que se define). A qualidade da definição verificava-se na possibilidade de construir enunciados aplicando esses substitutos. Se houvesse necessidade de variar o contexto lexical ou o contexto discursivo, percebia-se que se tratava de uma acepção diferente.

Nos dicionários monolíngues, o *definiens* é uma expressão explicativa, constituída por uma descrição de *genus* e de *differentia*, isto é, a aproximação do *definiendum* a um termo genérico de fácil reconhecimento e a enunciação das características particularizantes. Os dicionários exploram o conhecimento mais ou menos consciente que os falantes têm sobre as relações de sentido entre palavras, quer as de similitude (sinonímia, hiponímia, meronímia), quer as de oposição (antonímia complementar, contrária, direcional e conversa).

Os dicionários que exploram as relações de **sinonímia** são especialmente dirigidos a falantes nativos, que são competentes para descodificar as relações sintagmáticas de cada um dos equivalentes sugeridos:

(14)   Ele foi aluno desta escola.
       Ele foi estudante desta escola.
       ?Ele foi discípulo desta escola.
       Ele foi discípulo dos melhores professores desta escola.

A definição sinonímica pode explorar o sentido denotativo (objetivo) e conotativo (subjetivo, ou figurado), devendo neste caso ser completada por informações sobre características pragmáticas (pertença a linguagens de especialidade, adequação discursiva etc.).

A simples indicação de um sinônimo origina geralmente definições incompletas. A equivalência semântica só se consegue em terminologias, em que a relação entre o termo e o significado é intencionalmente construída e convencionalmente aceite. Nos dicionários, a sinonímia entre termos técnicos com o mesmo referente (p. ex., *sismo – terramoto*) é mais conseguida do que entre palavras de uso geral e o termo técnico correspondente (*sangramento – hemorragia; incendiário – pirômano; aquecedor – calorífero*). Se englobarmos na mesma descrição as variedades lexicais diatópicas, podemos considerar que também há uma relação de equivalência entre palavras que têm o mesmo referente, se forem reconhecidas fora do local de uso predominante (assim sucede com alguns pares de palavras do Português Brasileiro e do Português Europeu, reconhecidos como característicos de cada uma das variedades, como *celular* e *telemóvel* ou *terno* e *fato*). As palavras de uso geral mudam facilmente de significado de acordo com o contexto discursivo. Por exemplo, a relação sinonímica entre *cidade* e *metrópole* só é válida se nos referimos a uma grande cidade; a equivalência entre *raça* e *etnia* só é admitida no uso comum, pois, em etnologia, considera-se que etnia compreende fatores culturais não contemplados no conceito de raça. O sinônimo pode, por conseguinte, ter um sentido conotativo que não é partilhado:

(15)   *panela* (utensílio de cozinha)
       tacho (utensílio de cozinha, colocação ou emprego bem pago)

Os dicionários tentam abranger as variações com uma enunciação acumulativa de sinônimos, em que as diferenças semânticas se tornam mais evidentes, quer pela diferença de registros, quer pelas diferenças de restrições gramaticais e semânticas. A descrição paradigmática pode também recorrer à paráfrase, que no fundo pretende ser uma solução de tipo sinonímico, uma vez que a expressão-definição pode substituir o lema. Sinonímia e paráfrase são recursos complementares nos dicionários gerais.

(16)   *fresco* (ligeiramente frio; ameno)
       sujo (que não é ou não está limpo; cheio ou coberto de sujeira;
       porco, imundo, emporcalhado)

A **hiperonímia** é uma relação de implicação entre um conjunto de palavras que se apresentam subordinadas a um termo mais genérico, que pode ser descrita como x (**hipônimo**) é uma espécie de y (**hiperônimo**), mas y não é apenas x. Esta relação unilateral, em que o sentido dos termos superordenados inclui o dos subordinados, é mais fácil de estabelecer entre os substantivos do que entre verbos ou entre adjetivos. As hierarquias conceptuais resultantes são usadas na construção de definições através de hierarquias conceptuais, ora recorrendo a um aparato terminológico específico, ora apelando a categorias de ordenação e diferenciação reconhecidas pela mundividência do falante.

Escaravelho	design. comum a todos os besouros, da grande fam. dos escarabeídeos, a maior da ordem dos coleópteros
Motocicleta	veículo, motorizado, maior e mais pesado que uma bicicleta, mas semelhante a esta por possuir duas rodas alinhadas

– (Houaiss)

No último exemplo, a definição menciona um co-hipônimo do *definiendum*, sublinhando os traços que aproximam ambos do hiperônimo: *motocicleta* (co-hipônimo) e *bicicleta* (co-hipônimo) são ambos veículos. Na definição de adjetivos ou verbos, a seleção de termos superordenados resulta de uma escolha convencionada pelo lexicógrafo, mas quanto mais restrito for o seu número, maior a coerência entre os diferentes verbetes:

(17)   *andar* (mover-se, deslocar-se, por força própria ou não; avançar)

correr (deslocar-se no espaço velozmente (através de meios de transporte, esp. os terrestres)

locomover-se (deslocar-se de um ponto ou lugar a outro)

marchar (andar, caminhar; deslocar-se)

voar (deslocar-se velozmente pelo ar)

O conhecimento extralinguístico permite interpretar as definições que recorrem às relações de meronímia e quase meronímia. A **meronímia** exprime a relação entre as partes e o todo e está presente em enunciados lexicográficos como x (*definiendum*) é uma das partes de y ou x (*definiendum*) é constituído por y:

pedal	peça de bicicleta, na qual se assenta o pé a fim de impulsioná-la
bicicleta	veículo composto de um quadro ("conjunto de tubos metálicos"), assentado sobre duas rodas iguais alinhadas

– (Houaiss)

A quase meronímia exprime as relações de pertença a um determinado grupo ou conjunto, que geralmente corresponde a uma designação coletiva:

> *fábrica*   conjunto formado pelas instalações, pela maquinaria e pelos operários
>
> *floresta*   denso conjunto de árvores que cobrem vasta extensão de terra; mata
>
> *faqueiro*   conjunto completo de talheres do mesmo material e marca
>
> – (Houaiss)

A possibilidade de estabelecer relações entre palavras ou expressões de sentido oposto (antônimos) é mais frequente com os adjetivos do que com substantivos e verbos. É possível distinguir diferentes tipos de **antonímia**, consoante se trate de uma oposição entre pares de palavras, ou dentro de um conjunto. A antonímia contraditória verifica-se entre pares de palavras, quando um elemento implica a negação do outro (se é x, não é y; se está vivo, não está morto). A antonímia contrária estabelece-se entre palavras com sentidos opostos (*bonito / feio*; *quente / frio*; *macio / áspero*), mas que admitem a relação com um elemento que exprime sentido relacionado, de que resulta um enunciado semanticamente coerente (Se é x, não é y, mas pode ser outra coisa – se é frio não é quente, mas pode ser morno). Os antônimos contrários são frequentes em dicionários gerais monolíngues, sob a forma de definições *a contrario*:

> *fresco*   bem-arejado, que não está quente
>
> *doce*   que não é salgado (diz-se de água); que não é amargo
>
> *sujo*   que não é ou não está limpo
>
> – (Houaiss)

Por fim, a antonímia direcional inclui relações de oposição entre palavras em que se percebe a expressão de um movimento ou direção. Observa-se em substantivos como *norte / sul*, mas sobretudo em verbos como *montar / desmontar, atar / desatar, enrolar / desenrolar*.

As relações de sentido de tipo paradigmático são uma base essencial na dicionarização das línguas modernas e foram exploradas de forma empírica pelos lexicógrafos. A substituição de palavras desconhecidas por outras mais familiares ou o confronto com palavras semanticamente relacionadas são estratégias de definição que mobilizam a competência linguística do leitor e invocam uma ordenação cognitiva do mundo extralinguístico. Os dicionários modernos dão seguimento à tradição, mas procuram melhorar a técnica de definição, fixando um elenco de palavras que servem de elementos superordenadores ou evitando definições com sinônimos inadequados ao contexto de uso da palavra a definir.

RESUMO DO CAPÍTULO

Neste capítulo apresentamos uma discussão acerca da classificação das palavras, historicamente enquadrada, no âmbito da historiografia da gramática do Português, procurando argumentos que justifiquem as escolhas feitas na nossa própria descrição. Olhamos, em particular, para a oposição maior entre verbos e nomes, e defendemos que é no domínio da classe dos nomes que se estabelece a distinção entre substantivos e adjetivos.

Tratamos também do gênero, particularmente do gênero dos substantivos. Procuramos mostrar que o sistema de gênero disponível no Português tem um caráter misto, de base semântica e formal, e que essas duas componentes estão ameaçadas na sua funcionalidade.

Por último, apresentamos uma breve caracterização do papel da fonologia na caracterização das unidades lexicais, dando especial atenção às questões de alomorfia.

SUGESTÕES DE LEITURA

A história da lexicografia portuguesa e das suas fontes documentais é apresentada em Verdelho (1995) e Verdelho e Silvestre (2007). Uma série de estudos parcelares sobre dicionários portugueses está disponível na página do *Corpus Lexicográfico do Português* (clp.dlc.ua.pt).

Sobre conceitos fundamentais de lexicografia, o dicionário terminológico de Hartmann e James (2001) é o guia terminológico mais aceite na bibliografia especializada. A descrição das unidades lexicais nos dicionários é abordada por Atkins e Rundell (2008), com destaque para o uso de *corpora* em lexicografia, e por Svensén (2009), este último com especial enfoque na relação entre a lexicologia e a tipologia lexicográfica. Sobre a descrição lexicográfica do português, Iriarte Sanroman (2001).

Exercícios de aprofundamento e pesquisa

Neste livro, procuramos dar conta do estado do conhecimento em relação ao estudo do léxico e apresentar fontes e instrumentos de análise para a descrição do léxico do Português. O conjunto de exercícios que agora propomos pretende, sobretudo, levar mais longe a investigação neste domínio da Linguística. Trata-se, pois, mais de sugestões de pesquisa do que de verificação de saberes adquiridos.

1. Leia o seguinte texto de Ricardo Araújo Pereira, publicado na revista portuguesa *Visão*, em 31 de janeiro de 2013:

> *Em cada esquina um banqueiro*
> *Ser dirigente de um banco bem-sucedido é bom. Ser dirigente de um banco mal sucedido é ainda melhor. As mercearias falidas não são nacionalizadas e as casas de ferragens com problemas de tesouraria não se recapitalizam com dinheiro do Estado. O problema é das mercearias e das casas de ferragens. Toda a gente já percebeu a diferença entre recapitalizar-se, por um lado, e pedir emprestado porque se vive acima das suas possibilidades, por outro. O ideal seria que todos os estabelecimentos comerciais portugueses tivessem "banco" escrito no nome. Um talho chamado Banco Carnes de Ouro.*

Uma mercearia chamada Banco Frutas Idalina. Um restaurante chamado Banco Adega Regional O Botelho. Nenhum negócio iria à falência, porque o Estado acudiria a todos. Se falisse, pagava o País inteiro. Só por falta de visão comercial é que continua a haver empresários que ignoram esta estratégia simples, mas vencedora.
O negócio da banca é duro e complexo. Trata-se de comprar dinheiro barato e vendê-lo mais caro. Pensando bem, talvez não seja assim tão complexo. Estamos a falar da comercialização de um produto que toda a gente aprecia. O risco não é muito grande. E, além disso, é um bem que não se estraga. Ninguém diz, ao levantar um cheque: "Olhe, desculpe, estas notas são da semana passada".
Ainda assim, um número bastante elevado de banqueiros consegue reunir a mistura de talento e obstinação necessária para levar muitas destas instituições à completa ruína. Não deve ser fácil.
O jornalista Nicolau Santos fez, há dias, uma lista não exaustiva de banqueiros portugueses envolvidos em escândalos financeiros e consequentes processos judiciais. São cerca de dezena e meia. E acrescentou uma lista de bancos que o Estado português já ajudou, com avultadas injecções de capital. Contando com o BPP e o BPN, são cinco. Num país com a dimensão de Portugal, 15 banqueiros e cinco bancos parece muito. Não sei se é o suficiente para estabelecer uma regra, mas são números um tanto alarmantes. Qualquer dia, banqueiro detido passa a ser um pleonasmo. Talvez fosse bom remodelar os testes psicotécnicos na admissão de candidatos ao lugar de banqueiro. Aparentemente, saber de finanças não habilita ninguém a gerir instituições financeiras.

1.1. Nesse texto terá, certamente, encontrado algumas palavras que não usa e que até talvez nem conheça. Identifique-as e, recorrendo, por exemplo, ao dicionário Houaiss, indique o seu significado e contextos de uso.

1.2. Em sua opinião, essas palavras fazem parte do léxico do Português Brasileiro? Justifique a sua resposta.

2. Segundo Cruse (2001: 264), um dos maiores estímulos que a investigação sobre o léxico recebeu veio do "advento de potentes computadores e do esforço desenvolvido pela linguística computacional para a criação de

programas capazes de 'compreender' textos em língua natural. Os problemas sintáticos têm sido resolvidos com relativa facilidade; o léxico acabou por revelar-se como o maior problema, sobretudo no que diz respeito às decisões sobre o que um computador deve 'conhecer' acerca do significado das palavras e da sua representação"[133].

Em sua opinião, os problemas informáticos que a tarefa de compreensão de textos em língua natural coloca (e que Cruse menciona no texto transcrito antes) são semelhantes ou comparáveis com os problemas que essa mesma tarefa coloca a um falante nativo dessa língua? Justifique a sua resposta.

3. A lexicalização é um processo de perda da composicionalidade formal, semântica ou de ambas, nas palavras complexas. Analise o seguinte conjunto de palavras derivadas pelo sufixo *-vel* e procure identificar exemplos para os três tipos de lexicalização antes referidos, bem como de palavras que têm uma estrutura composicional.

adquirível   *concebível*   *punível*
afável   *estável*   *terrível*
calculável   *possível*   *visível*

4. As unidades lexicais que estão presentes no léxico não correspondem certamente a um amontoado caótico. É possível conceber várias formas de organização do léxico.

Comecemos pelo conceito de família de palavras. Considere o artigo *perna* no *Dicionário Morfológico da Língua Portuguesa*, transcrito a seguir:

empernar   *pernalta*   *perneta*
espernear   *pernalteiro*   *pernetear*
espernegar   *pernalto*   *pernibambo*

---

133. Tradução nossa.

perna	*pernaltudo*	*pernicurto*
pernaça	*perna-manca*	*pernigrande*
pernada	*pername*	*pernil*
perna-de-moça	*pernão*	*pernilongo*
perna-de-pau	*pernear*	*pernilongo-rajado*
perna-de-serra	*pernegudo*	*perno*
perna-de-xis	*perneira*	*pernudo*
perna-lavada	*pernejar*	

4.1. Observe os dados e explicite o(s) critério(s) de agregação e ordenação interna dessa família de palavras. Pode consultar o prefácio desse dicionário para verificar se os critérios que deduziu coincidem com os critérios apresentados pelos autores.

4.2. Villalva (2008: 136-138) apresenta uma discussão do conceito de família de palavras e sugere que a relação entre as unidades lexicais que a integram e o radical partilhado não é sempre a mesma. Reorganize os dados apresentados em 4.1, aplicando o modelo proposto em Villalva (2008).

4.3. Constitua agora um *corpus* morfológico formado por palavras derivadas em *-ada* que possam ocorrer na sequência X-*ada* (e.g. *dar uma espiada*). Confronte os dados que recolheu com o resultado de uma pesquisa de nomes em *-ada* no *Dicionário Aberto*, disponível em http://www.dicionario-aberto.net/ e comente as diferenças.

5. Compare as seguintes palavras portuguesas de origem pré-românica com as suas traduções em outras línguas românicas e elabore um comentário com base na observação desses dados.

arroio	*cama*	*gato*
baia	*caminho*	*grenha*
balsa	*camisa*	*lança*
barro	*carro*	*légua*
beijo	*cerveja*	*lousa*
bezerro	*duna*	*manto*
bico	*esquerdo*	*modorra*
bizarro	*garra*	*seara*

6. Os dicionários dão testemunho de palavras fora de uso, bem como de significados que já não são reconhecidos pela generalidade dos falantes. Consulte um dicionário etimológico e um dicionário geral (p. ex., Aulete, Houaiss ou DLPC) e, para as palavras referidas a seguir identifique significados antigos que não existem no Português contemporâneo.

asinha   *diatribe*   *espórtula*
bula   *dita*   *guisar*
corifeu   *escala*   *mágoa*

7. Procure a tradução das seguintes palavras, em dicionários bilíngues Inglês-Português:

benchmark   *check-in*   *gangster*
best-seller   *close-up*   *hooligan*
briefing   *cockpit*   *lobby*
bowling   *derby*   *lobbying*
bullying   *download*   *playboy*

8. Traduza para Português a tira de Bill Watterson (Calvin & Hobbes).

8.1. Confronte a tradução com as dos seus colegas e justifique as suas opções lexicais com testemunhos de ocorrência e de frequência em Português.
8.2. Verifique se as equivalências enunciadas no dicionário são traduções com recurso a palavras portuguesas ou são empréstimos lexicais do Inglês.
8.3. Construa uma lista semelhante com palavras de outras línguas.

9. Casos de variação lexical são fáceis de identificar na comparação entre dialetos. Recolha alguns exemplos de variação diatópica no Português Brasileiro e comente as suas escolhas.

10. O filme *Sound of Music* recebeu, no Brasil, o título *Noviça rebelde* e, em Portugal, *Música no coração*. Nenhum dos títulos escritos em Português é tradução do título em Inglês e a existência de ambos também não reflete qualquer tipo de contraste lexical entre as duas variedades, sendo provavelmente resultantes de diferentes escolhas de diferentes tradutores. Há, no entanto, outras escolhas que refletem contrastes típicos de variedades do Português. Os excertos a seguir transcritos foram extraídos das legendas das versões brasileira e portuguesa do filme. Procure identificar a que variedade do Português pertence cada uma das sequências:

a) - *Desapareceu do convento de novo.*
    - *Ela sumiu de novo.*
b) - *Ela faz rolinhos no cabelo.*
    - *Já lhe vi caracóis no cabelo!*
c) - *Puxa vida...*
    - *Socorro.*
d) - *Sei fazer a minha roupa.*
    - *Sei costurar.*
e) - *Tome-lhes os pontos de estudos.*
    - *Ajude-os nos estudos.*
f) - *Nossa, você já é uma moça.*
    - *Caramba, estás quase uma senhora!*
g) - *Que prenda?*
    - *Que presente?*
h) - *Não devemos! - Por que não, bobo?*
    - *Não devemos. - Por que não, palerma?*
i) - *Embrulhos amarrados com corda.*
    - *Embrulhos amarrados com barbantes.*
j) - *Gramados verdinhos.*
    - *Prados verdes.*
k) - *Macarrão e almôndegas.*
    - *E massa com almôndegas.*
l) - *Lutas de almofadas!*
    - *Briga de travesseiros!*

11. Considere a seguinte crônica de Marina Colasanti[134]:

Eu sei que a gente se acostuma. Mas não devia.

A gente se acostuma a morar em apartamentos de fundos e a não ter outra vista que não as janelas ao redor. E, porque não tem vista, logo se acostuma a não olhar para fora. E, porque não olha para fora, logo se acostuma a não abrir de todo as cortinas. E, porque não abre as cortinas, logo se acostuma a acender mais cedo a luz. E, à medida que se acostuma, esquece o sol, esquece o ar, esquece a amplidão.

A gente se acostuma a acordar de manhã sobressaltado porque está na hora. A tomar o café correndo porque está atrasado. A ler o jornal no ônibus porque não pode perder o tempo da viagem. A comer sanduíche porque não dá para almoçar. A sair do trabalho porque já é noite. A cochilar no ônibus porque está cansado. A deitar cedo e dormir pesado sem ter vivido o dia.

A gente se acostuma a abrir o jornal e a ler sobre a guerra. E, aceitando a guerra, aceita os mortos e que haja números para os mortos. E, aceitando os números, aceita não acreditar nas negociações de paz. E, não acreditando nas negociações de paz, aceita ler todo dia da guerra, dos números, da longa duração.

A gente se acostuma a esperar o dia inteiro e ouvir no telefone: hoje não posso ir. A sorrir para as pessoas sem receber um sorriso de volta. A ser ignorado quando precisava tanto ser visto.

A gente se acostuma a pagar por tudo o que deseja e o de que necessita. E a lutar para ganhar o dinheiro com que pagar. E a ganhar menos do que precisa. E a fazer fila para pagar. E a pagar mais do que as coisas valem. E a saber que cada vez pagar mais. E a procurar mais trabalho, para ganhar mais dinheiro, para ter com que pagar nas filas em que se cobra.

A gente se acostuma a andar na rua e ver cartazes. A abrir as revistas e ver anúncios. A ligar a televisão e assistir a comerciais. A ir ao cinema e

---

134. Este texto, datado de 1972, integra o livro intitulado *Eu sei, mas não devia*, publicado no Rio de Janeiro, pela Editora Rocco, em 1996.

engolir publicidade. A ser instigado, conduzido, desnorteado, lançado na infindável catarata dos produtos.

A gente se acostuma à poluição. Às salas fechadas de ar-condicionado e cheiro de cigarro. À luz artificial de ligeiro tremor. Ao choque que os olhos levam na luz natural. Às bactérias da água potável. À contaminação da água do mar. À lenta morte dos rios. Se acostuma a não ouvir passarinho, a não ter galo de madrugada, a temer a hidrofobia dos cães, a não colher fruta no pé, a não ter sequer uma planta.

A gente se acostuma a coisas demais, para não sofrer. Em doses pequenas, tentando não perceber, vai afastando uma dor aqui, um ressentimento ali, uma revolta acolá. Se o cinema está cheio, a gente senta na primeira fila e torce um pouco o pescoço. Se a praia está contaminada, a gente molha só os pés e sua no resto do corpo. Se o trabalho está duro, a gente se consola pensando no fim de semana. E se no fim de semana não há muito o que fazer a gente vai dormir cedo e ainda fica satisfeito porque tem sempre sono atrasado.

A gente se acostuma para não se ralar na aspereza, para preservar a pele. Se acostuma para evitar feridas, sangramentos, para esquivar-se de faca e baioneta, para poupar o peito. A gente se acostuma para poupar a vida. Que aos poucos se gasta, e que, gasta de tanto acostumar, se perde de si mesma.

11.1. Lematize esse texto.

11.2. Registre o número de ocorrências para cada um dos lemas.

12. Considere o seguinte conjunto de palavras:

aquecedor	*janela*	*pré-instalação*
barulheira	*mesinha*	*sabão*
camiseta	*notoriedade*	*sandália*
desintoxicação	*pantufa*	*sapatear*
fotografia	*parede*	*sapato*
geotérmico	*penteado*	*sonzaço*

12.1. Identifique as palavras que têm uma estrutura simples.

12.2. Que palavras contêm sufixos derivacionais?
12.3. Que palavras contêm afixos modificadores?
12.4. Que palavras integram mais de um radical?

13. Tendo em atenção a tipologia de radicais enunciada no quadro seguinte, elabore um quadro com outros exemplos:

	Núcleo		Complemento		Modificador	
Radical	Predicador intransitivo	Predicador transitivo	de sufixos derivacionais	de radicais em compostos morfológicos	que se associa a palavras simples	que se associa a palavras complexas
livr-	*livr*-o	-----	*livr*-eiro	-----	-----	-----
gastr-	-----	-----	*gástr*-ico	*gastr*-onomia	-----	-----
graf-	*graf*-ar	pluvió-*graf*-o	*gráf*-ico	*graf*-ologia	-----	-----
super-			-----	-----	*super*-amigo	*super*-confortável

14. Analise as seguintes palavras em que ocorre um sufixo *-ite*.

amigdalite   *estalactite*   *faringite*
bronquite   *estalagmite*   *gastrite*
celulite   *estomatite*   *helictite*

14.1. Caracterize as bases às quais este sufixo se associa.
14.2. Esclareça as diferenças de significado deste sufixo neoclássico *-ite*.
14.3. Em sua opinião, todas as ocorrências de *-ite* nas palavras antes registadas fazem uso do mesmo sufixo? Justifique a sua resposta.

15. Constitua um *corpus* de palavras cujo radical que pode ocorrer em palavras simples, i.e., como predicador intransitivo, nos casos em que esse radical é precedido por um constituinte caracterizável como prefixo ou como radical modificador.
15.1. Caracterize os radicais base.
15.2. Caracterize os prefixos.

15.3. Caracterize os prefixos modificadores.

16. Considere o seguinte conjunto de substantivos:

abordagem	*café*	*família*	*pincel*
acordeon	*caixa*	*fantasia*	*poente*
aerossol	*calor*	*feira*	*pormenor*
albatroz	*camembert*	*filial*	*porto*
anel	*camisa*	*final*	*português*
apagador	*camponês*	*folha*	*prazer*
apogeu	*canapé*	*fome*	*presente*
arco	*candelabro*	*francês*	*quadro*
arvoredo	*caneta*	*funil*	*recorte*
atum	*cartaz*	*garrafa*	*remédio*
automóvel	*cartola*	*herói*	*resolução*
avestruz	*castiçal*	*igreja*	*restaurante*
bacalhau	*catálogo*	*impressora*	*retrato*
badminton	*cobertor*	*inocente*	*rodapé*
baralhada	*cola*	*leite*	*salto*
barba	*colar*	*leme*	*sapateiro*
barbudo	*coluna*	*leque*	*semente*
baton	*comandante*	*letra*	*sobretudo*
bênção	*coração*	*lima*	*sopro*
beterraba	*costume*	*livraria*	*sorte*
bibelô	*creme*	*ministro*	*sumário*
bife	*decote*	*nariz*	*suplente*
bola	*dinamarquês*	*neerlandês*	*suporte*
bolo	*dinheiro*	*país*	*tamanduá*
bolso	*diretor*	*palhaçada*	*táxi*
bombeiro	*dirigente*	*partida*	*tesouro*
bracelete	*elefante*	*peça*	*traço*
cabelo	*elenco*	*pedal*	*troféu*
cadela	*embaixador*	*pelicano*	*unha*
caderneta	*embaixatriz*	*penteado*	*viajante*
caderno	*envelope*	*peste*	*vidraceiro*

16.1. Forme um diminutivo para cada um dos substantivos.
16.2. Analise os dados de partida de acordo com a classe temática a que pertencem e o número de sílabas.
16.3. Analise os dados de chegada de acordo com as escolhas que fez na formação dos diminutivos.
16.4. Confronte a análise dos seus dados com a descrição apresentada em II.2.4.

17. Construa um *corpus* de palavras que tenham uma estrutura composicional e que sejam derivados em *-ista*. Que distribuição sintática têm essas palavras? Como devem ser classificadas no léxico?

18. Retome o texto do exercício 11.
18.1. Elabore um quadro com os tipos de formas verbais flexionadas que aí ocorrem e a sua frequência.
18.2. Confronte os resultados obtidos com o quadro geral da flexão verbal do Português e comente.

19. Seguindo o modelo de descrição apresentado para os substantivos, procure caracterizar o gênero nos adjetivos.

20. Identifique, no Português, radicais, prefixos e sufixos alomórficos.

21. Os dicionários apresentam diferenças na ordenação da informação, podendo respeitar uma sequência diacrônico-etimológica, ou principiar pelas acepções de uso mais comum para as acepções de uso cada vez mais restrito.
Identifique as diferenças de ordenação da informação dos verbetes LIQUIDAÇÃO e LÍRICO nos dicionários Aulete e DLPC, descrevendo o método seguido em cada caso.

liquidação
[De liquidar + -ção.]
Substantivo feminino.
1. Ato ou efeito de liquidar(-se).
2. Resgate (de um título).
3. Extinção de obrigações.
4. Apuramento de contas e pagamento dos respectivos saldos.
5. Conjunto de atos tendentes a realizar o ativo das sociedades civis ou mercantis em dissolução, assim como o das massas falidas, pagar-lhes o passivo e compartir o saldo que houver, segundo determine a lei ou o contrato em cada caso. [Cf., nesta acepç., informação (7).]
6. Cálculo judicial do imposto de transmissão causa mortis nos inventários, com a discriminação das parcelas a cargo de cada um dos beneficiários da partilha:
"Regulados os preliminares para a liquidação da herança, Rubião tratou de vir ao Rio de Janeiro" (Machado de Assis, Quincas Borba, p. 32).
7. Ato judicial com que se dá começo à execução, e que visa a determinar o valor, espécie e quantidade das coisas que a parte vencida tem de pagar ou de entregar, e que, na sentença exeqüenda, ficaram ilíquidas ou indeterminadas.
8. Com. Apuração, em épocas preestabelecidas, das operações realizadas a termo nas bolsas, mediante a entrega das mercadorias e títulos negociados, ou o pagamento da diferença das cotações, ou, ainda, pelo aprazamento das partes; apuramento.
9. Com. Venda de mercadorias a preços abaixo do normal para renovação dos estoques ou extinção do negócio. [Var. pros.: liqüidação. (Aulete)]

> **liquidação** [likidɐsẽw]. *s. f.* (De *liquidar* + suf.-*ção*). **0**. Ato ou efeito de liquidar. **1.** *Dir. Comerc.* e *Dir. Fiscal.* Ação de apurar, de fixar o montante, até aí indeterminado, de despesas ou encargos que se tenha obrigação de pagar. *A liquidação das custas judiciais. O processo de imposto sucessório, por morte de seu pai, encontra-se já em fase de liquidação e estará para breve a pagamento.* **2.** Ato de pagamento de qualquer dívida ou encargo. *A liquidação de um imposto. Fez a liquidação do empréstimo que havia contraído para a compra da casa.* **3.** Ação de pôr fim rápida e violentamente a uma situação. ≃ ANIQUILAMENTO, DESTRUIÇÃO. **4.** Ajuste de contas, desagravo. **5.** Ação de matar, destruir, aniquilar. **6.** *Dir. Comerc.* Conjunto de atos tendentes a realizar o ativo das sociedades civis ou comerciais em dissolução e a determinar o seu passivo, com vista ao pagamento das respectivas dívidas e, havendo saldo disponível, a rateá-lo pelos sócios. **7.** *Dir. Comerc.* Extinção integral de uma dívida mediante o reembolso do valor que o respectivo título de crédito representa. **8.** Venda de mercadorias a preço reduzido para lhes dar saída rápida, por motivo de renovação dos produtos em armazém, por extinção do negócio... *Liquidação total por motivo de obras.* **9.** *Psicol.* Cura de uma neurose pela eliminação da causa inconsciente subjacente ao conflito, ao complexo... **10.** *P. Us.* Liquefacção de gases.

(DLPC)

lírico
[Do gr. lyrikós, pelo lat. lyricu.]
Adjetivo.
1. Relativo a lira1 (1).
2. Diz-se do gênero de poesia em que o poeta canta as suas emoções e sentimentos íntimos.
3. Que tem ou revela lirismo:
prosador lírico.
4. Fig. Sentimental; sonhador; apaixonado.
5. Em que se representam óperas [v. ópera (1)]]:
teatro lírico. ~ V. cena —a e drama —.
Substantivo masculino.
6. Poeta cultor de poesia lírica. [Sin., bras.: lirista. Cf. lirico, do v. liricar. (Aulete)]

lírico[1], a [líriku, -ɐ]. *adj.* (Do lat. *lyrĭcus* < gr. λυρικός).
1. Que é relativo a composições que, na Antiguidade, eram acompanhadas ao som da lira. *Poesia lírica. Os salmos são poemas líricos hebraicos.* **2.** Literat. Que se destina a ser cantado ou musicado. *As cantatas, as canções, os madrigais e os hinos são composições líricas, cultivadas entre os séculos XVI a XVIII.* **3.** Que exprime, que traduz subjetividade. *Estilo lírico. Tom lírico. A poesia romântica era essencialmente lírica.* **gênero⁺ lírico. 4.** Que cultiva a poesia lírica. *Autor lírico. Camões a par de épico foi um grande poeta lírico.* **5.** Que está cheio de entusiasmo, de inspiração, de estro poético. **6.** Que traduz certo sentimentalismo, ou uma visão romântica da realidade. **7.** *Irón.* Que é sentimental, que vive no mundo da ilusão, do sonho. *É demasiado lírico para se poderem levar a sério os seus projetos.* **8.** *Teat.* e *Mús.* Que se destina a ser representado, cantado e acompanhado com música. **drama⁺ lírico. teatro⁺ lírico. 9.** *Teat.* e *Mús.* Que é relativo ao teatro cantado, à ópera. **arte⁺ lírica. 10.** *Teat.* e *Mús.* Que canta ópera. *Luísa Todi foi a grande cantora lírica portuguesa do séc. XVIII. Cantor +; artista +.* **soprano⁺ lírico. 11.** Que canta em espetáculo de café-concerto. *Cantor lírico.* Adv. liricamente.
lírico[2], a [líriku, -ɐ]. *s.* (Do lat. *lyrĭcus* < gr. λυρικός).
1. Pessoa que cultiva a poesia lírica, o gênero lírico. *Camões, o lírico e o épico.* **2.** Pessoa que é sonhadora, utopista, visionária. *É um lírico, muito pouco pragmático.*

(DLPC)

22. Selecione exemplos de uso dos seguintes lugares comuns, em *corpora* textuais:

> *decisão salomônica*
> *forte como Sansão*
> *pobre como Job*
> *toque de Midas*
> *trabalho hercúleo*
> *ser um Donjuan*

22.1. Investigue a informação histórica associada aos antropônimos presentes nessas sequências, identificando a que permite esclarecer o significado dos lugares-comuns.

23. Na formação de unidades lexicais que resultam de combinações fixas, encontramos adjetivos com sentidos diferentes do uso mais comum. Explique como o adjetivo contribui para o significado das seguintes unidades lexicais:

> *voz doce - água doce*
> *vinho generoso - terra generosa*
> *bebida espirituosa - dito espirituoso*
> *pão integral - obra integral*
> *café forte - sol forte*

23.1. Complete a lista com mais exemplos do uso do mesmo adjetivo noutras combinações fixas.

24. Classifique as relações de sentido entre os pares de palavras e construa frases exemplares em que essa relação é explicitada.

> *outono, inverno*
> *morno, quente*
> *roda, bicicleta*

roda, pedal
prender, amarrar
quadrado, quadrilátero
doce, salgado

Referências

AITCHINSON, J. (1987). *Words in the Mind*: An Introduction to the Mental Lexicon. Oxford: Blackwell.

ALKIRE, T. & ROSEN, C. (2010). *Romance Languages* – A Historical Introduction. Cambridge: Cambridge University Press.

ALTMANN, G. (1997). "Accessing the Mental Lexicon – Words, and how we (eventually) find them". *The Ascent of Babel* – an exploration of language mind and understanding. Oxford: Oxford University Press.

ALVAR EZQUERRA, M. (1996). *Estudios de historia de la lexicografía del español*. Málaga: Universidad de Málaga.

ARONOFF, M. (2007). "In the beginning was the word". *Language*, 83 (4), p. 803-830.

_____ (1976). *Word-formation in Generative Grammar*. Cambridge, Mas.: The Mit Press.

ATKINS, B. & RUNDELL, M. (2008). *The Oxford Guide to Practical Lexicography*. Oxford: Oxford University Press.

BASÍLIO, M. (2001). "Expressões dar uma x-*da*: uma verificada informal". In: NEVES, M.H.M. (org.). *Descrição do Português* – Definindo rumos de pesquisa, 1. Araraquara: Cultura Acadêmica.

_____ (1997). "O princípio da analogia na constituição do léxico: regras são clichês lexicais". *Veredas*, 1, p. 9-21.

BECHARA, E. (2009). *Moderna gramática portuguesa*. Rio de Janeiro: Nova Fronteira.

BENARROCH (2000). *Des premiers dictionnaires (Jerónimo Cardoso) aux textes*: l'apport lexical des arabismes dans la langue portugaise du XVIe siècle. Paris: Paris 3/Université Sorbonne Nouvelle [Tese de doutorado].

BLOOMFIELD, L. (1914). *An Introduction to the Study of Language*. Nova York: Henry, Holt & Company.

BONVINI, E. (2002). "Palavras de origem africana no português do Brasil: do empréstimo à integração". In: NUNES, J.H. & PETTER, M. (orgs.) (2002). *História do saber lexical e constituição de um léxico brasileiro*. São Paulo: Humanitas/Pontes, p. 147-162.

BOOIJ, G. (2005). *The Grammar of Words*. Oxford: Oxford University Press.

BRINTON, L.J. & TRAUGOTT, E.C. (2005). *Lexicalization and Language Change*. Cambridge: Cambridge University Press.

CARDEIRA, E. (2005). *Entre o português antigo e o português clássico*. Lisboa: Imprensa Nacional/Casa da Moeda.

CASTRO, I. (2004). *Introdução à história do português*. Lisboa: Colibri.

CHOMSKY, N. (1972). *Studies on Semantics in Generative Grammar*. Haia: Mouton.

_____ (1970). "Remarks on nominalization". In: CHOMSKY, N. (1972). *Studies on Semantics in Generative Grammar*. Haia: Mouton, p. 11-61.

CLARK, E.V. (1993). *The Lexicon in Acquisition*. Cambridge: Cambridge University Press.

CORBETT, G. (2006). "Grammatical gender". In: BROWN, K. (org.). *Encyclopedia of Language and Linguistics*, 4. Oxford: Elsevier, p. 749-756.

_____ (2005). "The number of genders; Sex-based and non-sex-based gender systems; e Gender assignment systems" [3 capítulos e mapas]. In: HASPELMATH, M.; DRYER, M.; GIL, D. & COMRIE, B. (orgs.). *World Atlas of Language Structures*. Oxford: Oxford University Press.

_____ (1991). *Gender*. Cambridge: Cambridge University Press.

COSTA, F.O.M. (2003). *O uso dos diminutivos no cotidiano da língua portuguesa* [Disponível em www.filologia.org.br/viicnlf/anais/caderno10-13.html].

CRUSE, D.A. (2001). "The lexicon". In: ARONOFF, M. & REES-MILLER, J. (2001). *The Handbook of Linguistics*. Oxford: Blackwell.

GLEITMAN, L. & LANDAU, B. (1994). *The Acquisition of the Lexicon*. Cambridge, Mas.: The Mit Press.

GÖNCZÖL, R. (2008). *Romanian* – An Essential Grammar. Nova York: Routledge.

HARTMANN, R. & JAMES, G. (2001). *Dictionary of Lexicography*. Londres/Nova York: Routledge/Taylor and Francis.

HARTSHORNE, C.; WEISS, P. & BURKS, A.W. (orgs.) (1998). "C.S. Peirce (1931-1958)". *Collected Papers of Charles Sanders Peirce*. Cambridge, MA: Harvard University Press.

HASPELMATH, M. (2012). "How to compare major word-classes across the world's languages". *Ucla* – Working Papers in Linguistics, Theories of Everything, 17, art. 16, p. 109-130.

_____ (2001). "Word classes and parts of speech". In: BALTES, P.B. & SMELSER, N.J. (orgs.). *International Encyclopedia of the Social and Behavioral Sciences* (16.538-16.545). Amsterdã: Pergamon.

HOLMES, J. & MEYERHOFF, M. (orgs.) (2003). *The Handbook of Language and Gender*. Oxford: Blackwell.

HOPPER, P.J. & TRAUGOTT, E.C. (2003). *Grammaticalization*. Cambridge: Cambridge University Press.

HUTTON, C. (1990). *Abstraction & Instance*: The Type-Token Relation in Linguistic Theory. Oxford: Pergamon Press.

IRIARTE SANROMAN, A. (2001). *A unidade lexicográfica:* palavras, colocações, frasemas, pragmatemas. Braga: Universidade do Minho/Centro de Estudos Humanísticos.

LIEBER, R. (1992). *Deconstructing Morphology* – Word Formation in Syntactic Theory. Chicago: The University of Chicago Press.

_____. (1989). "On percolation". In: BOOIJ, G. & MARLE, J. (orgs.). *Yearbook of Morphology*, 2. Dordrecht: Foris, p. 95-138.

LISBOA DE LIZ, L. (2007). "Uma análise aspectual da construção 'dar uma X-(a)da'". *Revista Virtual de Estudos da Linguagem* – ReVEL, 5.8 [www.revel.inf.br].

_____. (2004). "Uma análise morfológica das construções 'dar uma x-*ada*'". *Anais do 6º Encontro Celsul* – Círculo de Estudos Linguísticos do Sul.

MARTINS, A.M. (2007). "O primeiro século do português escrito". In: BOULLÓN AGRELO, A. (org.). *Na Nosa Lyngoage Galega* – A Emerxencia do Galego como Lingua Escrita na Idade Media. Santiago de Compostela: Consello da Cultura Galega/Instituto da Lingua Galega, p. 161-184.

_____ (1999). "Ainda 'os mais antigos textos escritos em português'". In: FARIA, I.H. (org.). *Lindley Cintra* – Homenagem ao homem, ao mestre e ao cidadão. Lisboa: Cosmos, p. 491-534.

MATEUS, M.H. & D'ANDRADE, E. (2000). *The Phonology of Portuguese*. Oxford: Oxford University Press.

NEVES, M.H.M. (2011). "O legado grego na terminologia gramatical brasileira". *Alfa* – Revista de Linguística, 55.2. [www.seer.fclar.unesp.br/alfa/article/view/4744/4049].

NUNES, J.H. & PETTER, M. (orgs.) (2002). *História do saber lexical e constituição de um léxico brasileiro*. São Paulo: Humanitas/Pontes.

PEREIRA, R.; SILVESTRE, J.P. & VILLALVA, A. (2013). "Os adjetivos em -*vel* formados em português: estrutura argumental, estrutura temática e aspeto da base verbal". *ReVEL*, 11, 20 [www.revel.inf.br].

PETTER, M. (2002). "Termos de origem africana no léxico do português do Brasil". In: NUNES, J.H. & PETTER, M. (orgs.) (2002). *História do saber lexical e constituição de um léxico brasileiro*. São Paulo: Humanitas/Pontes, p. 123-146.

PIEL, J.M. (1989). "Origens e estruturação histórica do léxico português". *Estudos de linguística histórica galego-portuguesa* (1976). Lisboa: IN-CM, p. 9-16 [Disponível em http://cvc.instituto-camoes.pt/hlp/biblioteca/origens_lex_port.pdf].

PINKER, S. (1994). "Words, words, words". *The Language Instinct – How the Mind Creates Language*. Nova York: Harper Perennial Modern Classics, p. 126-157.

PUSTEJOVSKY, J. (1998). "The semantics of lexical underspecification". *Folia Linguística*, 32 (3-4), p. 323-348.

_____ (1992). "Underspecification in grammatical and natural gender". *Linguistic Inquiry*, 23 (3), p. 469-486 [Disponível em www.jstor.org/stable/4178781].

RAPOSO, E.P. (1984). "Algumas observações sobre a noção de 'língua portuguesa'". *Boletim de Filologia*, 29, p. 585-592 [Disponível em http://cvc.instituto-camoes.pt/hlp/biblioteca/observlingport.pdf].

RAPOSO, E.P. et al. (2013). *Gramática do Português*. Lisboa: Fundação Calouste Gulbenkian.

RAUH, G. (2010). *Syntactic Categories – Their Identification and Description in Linguistic Theories*. Oxford: Oxford University Press.

SAENGER, P. (1997). *Space Between Words:* The Origins of Silent Reading. Stanford: Stanford University Press.

SAID ALI, M. (1931). "Gramática histórica". In: SAID ALI, M. (1964). *Gramática histórica da língua portuguesa*. São Paulo: Melhoramentos.

SCHER, A.P. (2006). "Nominalizações em *-ada* em construções com o verbo leve *dar* em português brasileiro". *Letras de Hoje*, 41 (1), p. 29-48.

SCIULLO, A.-M. & WILLIAMS, E. (1987). *On the Definition of Word*. Cambridge, Mas.: The Mit Press.

SILVA, R.V.M. (2008). *O português arcaico*: uma aproximação. Lisboa: Imprensa Nacional/Casa da Moeda.

_____ (1989). *Estruturas trecentistas*: elementos para uma gramática do português arcaico. Lisboa: Imprensa Nacional/Casa da Moeda.

_____ (s.d.). "O português brasileiro". *História da língua portuguesa em linha*. [s.l.]: Instituto Camões [Disponível em http://cvc.instituto-camoes.pt/hlp/hlpbrasil/index.html].

STUBBS, M. (2009). "The search for units of meaning – Sinclair on empirical semantics". *Applied Linguistics*, 30 (1), p. 115-137.

_____ (2001). *Words and Phrases*: Corpus Studies of Lexical Semantics. Oxford: Blackwell.

SVENSÉN, B. (2009). *A handbook of lexicography*: the theory and practice of dictionary-making. Cambridge: Cambridge University Press.

TAYLOR, J.R. (1989). *Linguistic Categorization* – Prototypes in Linguistic Theory. Oxford: Clarendon Press.

VÄÄNÄNEN, V. (1968). *Introducción al latín vulgar*. Madri: Gredos.

VARGENS, J. (2007). *Léxico português de origem árabe* – Subsídios para os estudos de filologia. Rio Bonito: Almádena.

VENÂNCIO, F. (2012). "O espanhol proveitoso – Sobre deverbais regressivos em português". *Santa Barbara Portuguese Studies*, XI, p. 6-41.

VERDELHO, T. (1995). *As origens da gramaticografia e da lexicografia latino-portuguesas*. Aveiro: Instituto Nacional de Investigação Científica.

_____ (1994). "Portuguiesisch: Lexicographie. Lexicografia". In: HOLTUS, G.; METZELTIN, M. & SCHMITT, C. (orgs.). *Lexikon der Romanistischen Linguistik (LRL)*. Vol. 2 – Galegisch, Portugiesisch. Tübingen: Max Niemeyer.

VERDELHO, T. & SILVESTRE, J.P. (orgs.) (2011). *Lexicografia bilingue*: A tradição dicionarística português/línguas modernas. Lisboa: Centro de Linguística da Universidade de Lisboa/Universidade de Aveiro.

_____ (orgs.) (2007). *Dicionarística Portuguesa: inventariação e estudo do património lexicográfico*. Aveiro: Universidade de Aveiro.

VIARO, M.E. (2010). *Etimologia*. São Paulo: Contexto.

VILLALVA, A. (2013). "Bare Morphology". *Linguística* – Revista de Estudos Linguísticos da Universidade do Porto.

_____ (2008). *Morfologia do português*. Lisboa: Universidade Aberta.

_____ (2000). *Estruturas morfológicas* – Unidades e hierarquias nas palavras do português. Lisboa: FCT/FCG.

WILLIAMS, E. (1981). "On the notions 'lexically related' and 'head of a word'". *Linguistic Inquiry*, 12 (2), p. 45-74.

WUNDERLICH, D. (org.) (2006). *Advances in the Theory of the Lexicon*. Berlim: Walter de Gruyter.

CULTURAL

Administração
Antropologia
Biografias
Comunicação
Dinâmicas e Jogos
Ecologia e Meio Ambiente
Educação e Pedagogia
Filosofia
História
Letras e Literatura
Obras de referência
Política
Psicologia
Saúde e Nutrição
Serviço Social e Trabalho
Sociologia

CATEQUÉTICO PASTORAL

Catequese
Geral
Crisma
Primeira Eucaristia

Pastoral
Geral
Sacramental
Familiar
Social
Ensino Religioso Escolar

TEOLÓGICO ESPIRITUAL

Biografias
Devocionários
Espiritualidade e Mística
Espiritualidade Mariana
Franciscanismo
Autoconhecimento
Liturgia
Obras de referência
Sagrada Escritura e Livros Apócrifos

Teologia
Bíblica
Histórica
Prática
Sistemática

REVISTAS

Concilium
Estudos Bíblicos
Grande Sinal
REB (Revista Eclesiástica Brasileira)
SEDOC (Serviço de Documentação)

VOZES NOBILIS

Uma linha editorial especial, com importantes autores, alto valor agregado e qualidade superior.

VOZES DE BOLSO

Obras clássicas de Ciências Humanas em formato de bolso.

PRODUTOS SAZONAIS

Folhinha do Sagrado Coração de Jesus
Calendário de Mesa do Sagrado Coração de Jesus
Agenda do Sagrado Coração de Jesus
Almanaque Santo Antônio
Agendinha
Diário Vozes
Meditações para o dia a dia
Encontro diário com Deus
Dia a dia com Deus
Guia Litúrgico

CADASTRE-SE
www.vozes.com.br

EDITORA VOZES LTDA.
Rua Frei Luís, 100 – Centro – Cep 25689-900 – Petrópolis, RJ
Tel.: (24) 2233-9000 – Fax: (24) 2231-4676 – E-mail: vendas@vozes.com.br

UNIDADES NO BRASIL: Belo Horizonte, MG – Brasília, DF – Campinas, SP – Cuiabá, MT
Curitiba, PR – Florianópolis, SC – Fortaleza, CE – Goiânia, GO – Juiz de Fora, MG
Manaus, AM – Petrópolis, RJ – Porto Alegre, RS – Recife, PE – Rio de Janeiro, RJ
Salvador, BA – São Paulo, SP